企业资源规划（ERP）综合实训（第2版）

常 丹 主编

国家开放大学出版社·北京

图书在版编目（CIP）数据

企业资源规划（ERP）综合实训／常丹主编．—2 版．—北京：中央广播电视大学出版社，2016.7（2018.5 重印）

ISBN 978 - 7 - 304 - 07965 - 9

Ⅰ．①企…　Ⅱ．①常…　Ⅲ．①企业管理—资源管理—计算机管理系统　Ⅳ．①F270.7

中国版本图书馆 CIP 数据核字（2016）第 162847 号

企业资源规划（ERP）综合实训（第 2 版）

QIYE ZIYUAN GUIHUA (ERP) ZONGHE SHIXUN

常　丹　主编

出版·发行：国家开放大学出版社（原中央广播电视大学出版社）

电话：营销中心 010 - 68180820　　　　总编室 010 - 68182524

网址：http://www.crtvup.com.cn

地址：北京市海淀区西四环中路 45 号　　邮编：100039

经销：新华书店北京发行所

策划编辑：邹伯夏	责任校对：宋亦芳
责任编辑：王　普	责任印制：赵连生

印刷：廊坊十环印刷有限公司	印数：5001～9000
版本：2016 年 7 月第 2 版	2018 年 5 月第 4 次印刷
开本：787 mm×1092 mm　1/16	印张：14.75　字数：325 千字

书号：ISBN 978 - 7 - 304 - 07965 - 9
　　　ISBN 978 - 7 - 900724 - 69 - 4（光盘）

定价：30.00 元（含 DVD - ROM 一张）

前　言

　　本教材是为国家开放大学信息管理专业的综合实践课"企业资源规划（ERP）综合实训"编写的教材，也是《ERP原理与应用（第2版）》（中央广播电视大学出版社，2016年1月出版）的配套实训教材。

　　目前，各企事业单位的信息化已经从信息资源建设阶段进入信息资源管理和开发利用阶段，提升其信息化管理能力成为至关重要的环节。考虑到信息化建设中对于ERP（Enterprise Resource Planning，企业资源规划）应用人才的需求，以及企业管理者对于ERP的兴趣，ERP教学已经成为信息管理类各层次学生教学的重要内容。在帮助学生快速理解ERP的原理和思想，明确ERP领域的主要问题的基础上强化ERP的综合实践活动，已成为ERP教学研究和本教材编写所要解决的主要问题。

　　本书自第1版出版以来，受到广大读者欢迎，出版社为满足读者需要数次重印，累计发行几万余册。随着我国信息化管理与信息技术的飞速发展，为适应现代企业资源管理的实际需要，我们决定对全书进行一次修订。第2版对企业的经营模拟沙盘实训内容做了部分调整，并更新了各个实验的数据以贴近当今企业状况。

　　全书共设置10个实训，分3类实践环节。第1类实践环节包含实训1至实训3，主要介绍企业建模训练。其中，实训1构建了企业实物模型，介绍了企业经营沙盘模拟实战过程，通过一张沙盘、一个教室、一段浓缩的时间，展现了一个可以近距离、实时了解企业经营过程的环境，属于认知性训练；实训2和3构建了企业数字模型，介绍了数字化企业构建过程，即ERP系统初始化，充分展示了ERP系统的集成性、数据的关联性和信息的共享性等特点，属于基础设计性训练，也是重点和难点。第2类实践环节包含实训4至实训9，分别介绍了ERP系统中主要管理子系统典型业务场景的专项模拟训练，并针对不同的业务场景展现不同的ERP系统解决方案，属于强化性训练。第3类实践环节包含实训10，介绍了一个系统主业务流程实例体验，涵盖了前述专项训练所涉及的各管理子系统，并将这些子系统综合在一起，给出了一套完整的系统解决方案，属于综合性训练。

　　本书包括的实训可以与《ERP原理与应用（第2版）》配套使用，也可以作为实训教材单独使用，还可以作为信息管理类、工商管理类、企业管理类等高职高专学生的实训教材，以及社会培训机构的实验教材和参考用书。为了能更好地辅助教师与学生的教与学，本书在逻辑架构、内容组织、实训类型设计等方面进行了创新性研究，主要特色如下：

（1）模拟企业与功能模块相结合。全书采用模拟企业实际经营场景与功能模块相结合的方法设计实训，一方面较全面地介绍各功能模块的使用方法，另一方面更好地体现了 ERP 系统解决方案的特征。

（2）分解实训与流程实训相结合。每一节实训分别配备了相关基础数据资料，既可以单独进行演练，实现对模块的熟练掌握，也可以连续进行实训操作，以达到理解整体流程的目的。

（3）基础实训与扩展实训相结合。每一个功能模块的实训均设置了基础实训和扩展实训。在基础实训中，针对实训操作，精心设计了相关的提示和说明，提示操作中应注意的问题，说明对应操作的数据关联与流向、信息采集与传递，着重体现系统的集成性和解决方案的设计思想。结合提示和说明，在思考与练习中为学者设计了进一步思考和操作的实训内容，深化理解。

（4）教学实践与企业实际相结合。各实训的数据及内容均来自鼎捷软件股份有限公司资深顾问提供的企业咨询案例；而本书实训结构的设计、实训目的、实训要求及实训步骤的设计则来自高校教师在教学中的实践经验。

（5）教学资源建设与教学实践相结合。随书提供的光盘中有配套的实训数据、所有实训操作讲解录屏媒体课件（CAI 课件）以及索购易飞 ERP 系统等相关信息。在教学实践中，读者可借助教学资源，理解、完成实训内容，从而达到实训目的。

本教材由北京交通大学常丹教授、国家开放大学王春凤副教授总体设计，常丹教授主编并执笔，北京交通大学经济管理学院硕士研究生宋佳伟同学、田济同学参与了资料整理、实训测试等工作。本教材的实训环境以及软件系统的相关素材得到了鼎捷软件股份有限公司的大力支持，在此表示感谢。

清华大学侯炳辉教授、北京交通大学刘世峰教授、北京联合大学陈建斌教授、北京联合大学郭彦丽副教授对全部书稿进行了认真审定，提出了宝贵的修改意见，在此表示感谢。同时，本教材在写作出版过程中得到各方专家学者的支持和帮助，在此表示感谢。此外，本教材中参考、引用了许多文献，在此一并致谢。

限于作者的经验和水平，不妥之处在所难免，敬请读者批评指正。

另外，书中用到一些符号，其表述含义如下：

➡ ：注释

❓ ：问题

编者
2016 年 4 月

目 录

实训1 企业经营沙盘实战演练

学习内容

沙盘实战演练是将企业资源、企业组织、企业的外部环境等企业基本元素清晰、直观地展现在一个沙盘和教室之中，然后将学生分配在若干基本元素相同、相互竞争的模拟公司里，根据市场需求预测和竞争对手的动向，亲自制定公司产品、市场、销售、融资、生产等方面的长、中、短期策略，体验公司的各种经营活动，并在年末用财务报表结算经营结果，通过对经营状况的分析，制定新一年的经营方案，完成下一年的经营任务。本实训通过沙盘实战演练，使学员在学习过程中独立进行企业经营决策模拟，推演公司实际运营状况，并且在参与企业经营的过程中体会企业运营的管理思想。

学习目标

1. 理解企业生产经营的基本内容和过程。

2. 从高层管理者的角度了解企业资源运营状况，并寻求最佳的利润机会；掌握财务结构，解读财务报表。

3. 从中级管理者的角度了解整个公司的运作流程，从而和不同部门达成更有效的沟通。

4. 从企业全局的角度理解部门沟通的重要性及业务流程的基本思想。

5. 从团队成员的角度理解团队合作中沟通的重要性。

1.1 企业经营背景介绍

1.1.1 模拟企业简介

本实训模拟的企业是一个典型的制造型企业，一直专注于某行业 P 系列产品的生产与经营。该企业根据对目前市场状况的判断，编制了企业的十年长期发展战略、三年中期发展战略及一年短期发展战略，其中短期发展战略的制定和实施为中长期发展战略及企业目标的实现打下基础。在企业短期发展战略中，企业期望通过提高生产力、生产和发展新产品以及扩张新的市场来扩大自己的市场份额，进而提升自己的营业收入和利润。

目前，该企业拥有自主厂房——A 厂房，其中安装了 3 条手工生产线和 1 条半自动生产线，运行状态良好。所有生产设备全部生产 P1 产品，一直在本地市场进行销售，有一定知名度，客户也很满意。其概念模型如图 1 - 1 所示。

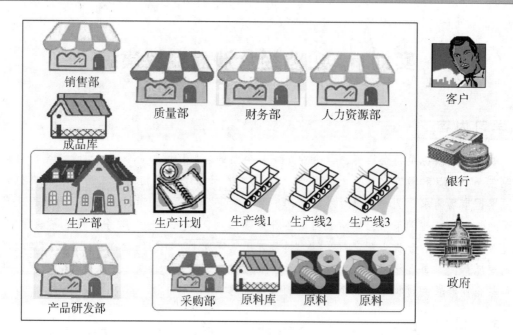

图 1 - 1　企业概念图

1. 企业的财务状况

所谓财务状况，是指企业资产、负债、所有者权益的构成情况及其相互关系。企业的财务状况由企业对外提供的主要财务报表——资产负债表来表述。

资产负债表是反映企业在某一特定日期资产、负债和所有者权益构成情况的财务报表。它根据"资产 = 负债 + 所有者权益"这一基本公式，依照一定的分类标准和次序对企业在某一特定日期的资产、负债和所有者权益等项目予以适当的排列，编制而成。资产负债表显示企业当时的财务健康状况，这是企业债权人和所有人进行经营决策时需要考虑的重要因素。通过资产负债表，可以了解企业所掌握的经济资源及其分布情况，并据此了解企业的资本结构，分析、评价、预测企业的短期偿债能力和长期偿债能力，正确评估企业的经营业绩。

在沙盘实战演练课程中，根据课程涉及的业务对资产负债表中的项目进行了适当的简化，得到初始年的资产负债表（如表 1 - 1 所示）。

2. 企业的经营成果

企业在一定期间内的经营成果表现为企业在该期间所取得的利润，它是企业经济效益的综合体现，由利润表来表述。

利润表是反映企业在一定会计期间内经营成果的财务报表。它根据"收入 - 费用 = 利润"这一公式，依照一定的标准把企业一定时期内的收入、费用和利润情况等项目予以适当的排列，编制而成。利润表显示企业的销售收入、销售成本和当期损益。盈利性对于债权人和所有人来说都非常重要。经理把利润看作成功的标志，而把损失看作出现问题的标志。如表 1 - 2 所示为沙盘实战演练课程涉及的企业初始年的利润表。

表1-1 初始年的资产负债表

单位：万元

资产	上一年	起始年	负债和所有者权益	上一年	起始年
流动资产：			负债：		
现金	20	47	长期负债	40	40
应收账款	18	0	短期负债		0
在制品	8	8	应付账款		0
成品	8	8	应交税金	2	2
原料	4	2			
流动资产合计	58	65	负债合计	42	42
固定资产：			所有者权益：		
土地和建筑	32	32	股东资本	45	45
机器与设备	10	6	利润留存	9	13
在建工程			年度净利	4	3
固定资产合计	42	38	所有者权益合计	58	61
资产总计	100	103	负债和所有者权益总计	100	103

表1-2 企业初始年的利润表

单位：万元

项目		上一年	起始年
销售收入	+	36	32
直接成本	−	14	12
毛利	=	22	20
综合费用	−	9	9
折旧前利润	=	13	11
折旧	−	5	4
支付利息前利润	=	8	7
财务收入/支出	+/−	−2	−2
额外收入/支出	+/−	0	0
税前利润	=	6	5
所得税	−	2	2
净利润	=	4	3

3. 董事会决议

目前企业的运营状况并不十分理想，所以全体股东召开会议。会议决议如下：

（1）由于在某种程度上，原来的管理层在企业发展上存在决策失误，特别是在市场开拓与新产品研发等方面，所以决定解雇原来的管理层，将企业交给一批优秀的新人去发展，希望在以下方面有良好表现：

- 投资新产品的开发，使公司的市场地位得到进一步提升；
- 开发本地市场以外的新市场，进一步拓展市场领域；
- 扩大生产规模，采用现代化的生产手段，以求获取更多的利润。

（2）目前企业财务状况良好，为了帮助新的管理层接过将企业继续向前发展的重任，公司将聘请一家信誉良好的市场调研机构针对将来 P 产品的市场发展做一些预测。

（3）股东希望将新管理层分成基础条件、市场环境完全一样但名称不同的多家公司展开竞争，考虑由优胜者接任本企业。

1.1.2　企业新管理层组织结构

企业经营管理涉及企业的战略制定与执行、市场营销、采购与生产管理、财务管理等多项管理内容。在企业中，这些管理内容是通过不同的业务部门履行的。企业经营管理过程也是各职能部门协同工作、共同努力实现企业目标的过程。下面详细描述各组织机构及相应职能。

1. 首席执行官（Chief Executive Officer，CEO）

（1）了解企业内部资源与外部资源，以预测的市场趋势为基础，制定长、中、短期企业经营目标。根据不同经营年实际情况，调整既定的企业经营目标。

（2）建立不同部门人员的共同价值观与经营理念，建立以整体利益为导向的组织。

（3）负责对各部门计划进行决策。

（4）负责在立场不同的部门之间沟通、协调。

（5）根据不同管理部门的工作任务，及时调整企业管理人员的岗位与任务，保证企业经营质量（有序无误、按规则经营）。

（6）依据任务清单程序化地按经营年度与生产季度进行企业经营活动。

2. 营销总监（Chief Marketing Officer，CMO）

（1）制订每年的广告与营销费用计划，争取销售订单，与客户签订销售合同。

（2）制订新产品研究与开发规划，执行新产品研发任务，必要时对研发计划进行修订，甚至提出中断研发的决策。

（3）制定市场开拓与定位决策，开发并维护市场，必要时做退出市场的决策。

（4）制定企业品牌与 ISO① 认证建设决策，开发并维护 ISO 认证。

---

① ISO 是国际标准化组织（International Organization for Standardization）的英文缩写。

3. 生产总监

(1) 制订改善生产环境（购买或租赁厂房）的计划，并负责实施。必要时制订清偿生产能力（出售厂房）的计划。

(2) 制订设备更新与生产线改良的计划，并负责实施。

(3) 制订全盘生产调度的计划，制订匹配市场需求、交货期和数量及设备产能的生产进度计划。

(4) 负责生产领料、产品加工制造、产品入库的各项具体任务。

4. 财务总监（Chief Financial Officer，CFO）

(1) 编制现金预算表，评估应收账款金额与回收期。预估长、短期资金需求，以及需求资金的来源。

(2) 掌握资金来源与用途，编制现金收支明细表，妥善控制成本。

(3) 洞悉资金短缺前兆，以最佳方式筹措资金。

(4) 分析财务报表，掌握报表重点与数据含义，运用财务指标进行内部诊断，协助管理决策。

(5) 编制并提交财务报表，结算投资报酬，评估决策效益。

5. 物流总监

(1) 根据生产、销售、库存情况，制订采购计划。

(2) 根据市场情况，编制采购与销售预警报告；根据控制货仓库存成本、保证生产正常运行的需要，制订库存计划。

(3) 根据生产需要，适时下达原料订单，并向供应商提交原料订单。

(4) 负责购买原材料，按销售订单向客户提交合格产品并收回产品收入。

(5) 负责对现有库存货物进行盘点。

1.1.3 初始状态设定

从资产负债表和利润表两张主要财务报表中，虽然可以了解企业的财务状况及经营成果，但不能得到更为详细的内容，如贷款何时到期、应收账款何时回笼等。所以，我们应为企业设定一个初始状态，虚拟企业的各种运营状态，为企业以后的运营奠定基础。

在企业模拟过程中，各种生产要素均由道具替代，具体规则如下：一个灰币代表 100 万现金，用 1 M 表示；每单位原材料 R1、R2、R3、R4 分别由一个红币、黄币、绿币、蓝币代替，价值均为 1 M。下面就按照资产负债表上各项目的排列顺序将企业资源分布状况复制到沙盘上，复制的过程中各岗位人员需要各司其职。各项目在沙盘上的摆放位置如图 1-2 所示。详细的沙盘规则请参看本教材配备的 CAI 课件中相关内容。

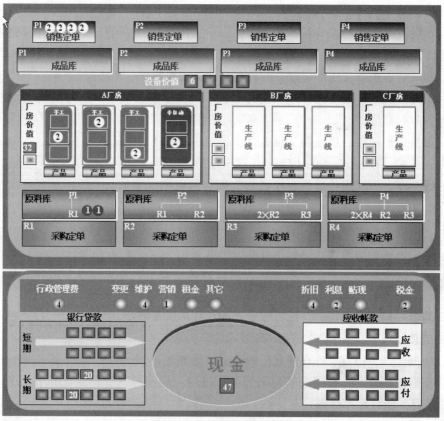

图 1－2　沙盘全景图[①]

1. 流动资产

流动资产包括现金、应收账款、存货等，其中存货又细分为在制品、成品和原料。企业初始状态下的流动资产如下所述：

（1）现金 47 M：请财务总监拿出 47 个灰币装在空桶中，放置于现金库位置。

（2）应收账款：企业目前应收账款为零，无须操作。

（3）在制品 8 M：在制品是指在加工过程中未完工入库的产品。A 厂房中有 3 条手工生产线和 1 条半自动生产线，每条生产线上各有 1 个 P1 产品。手工生产线有 3 个周期，3 个在制品分别处于第 2、1、3 周期，半自动生产线有 2 个生产周期，在制品处于第 2 周期。每个 P1 产品成本由两部分组成，R1 原料费 1 M 和加工费 1 M，取 1 个空桶放置 1 个红币和 1 个灰币（构成 1 个 P1 产品）。由生产总监、物流总监与财务总监配合制作 4 个 P1 在制品并摆放在生产线的相应位置上。

（4）成品 8 M：P1 成品库中有 4 个成品，每个成品同样是由 R1 原料费 1 M 和加工费 1 M 组成的。由生产总监、物流总监与财务总监配合制作 4 个 P1 成品并摆放到 P1 的成品

[①]　编辑注：本书软件截图中，"帐"通"账"，"其它"通"其他"，"定单"通"订单"。

库中。

（5）原料2 M：R1原料库中有2个原料，每个价值1 M。由物流总监取2个空桶，每个空桶中放置1个R1原料，并摆放到R1原料库中。

2. 固定资产

固定资产包括土地及厂房、生产设备等。企业初始状态下的固定资产如下所述：

（1）A厂房32 M：企业拥有自主厂房，价值32 M。请财务总监将等值的资金用桶装好并放置于A厂房的价值处。

（2）生产设备6 M：企业已购置了4条生产线，扣除折旧，目前手工生产线的账面价值为1 M，半自动生产线的账面价值为3 M。请财务总监取4个空桶，分别置入1 M、1 M、1 M、3 M，并放置于生产线下方的生产线净值处。

3. 负债

负债包括短期负债、长期负债、各项应付账款及应交税金。企业初始状态下的负债如下所述：

（1）长期负债40 M：企业目前有40 M长期借款，分别于长期借款第3年和第4年到期。每个空桶代表20 M，请财务总监将2个空桶分别置于第3年和第4年的位置。

（2）应交税金2 M：企业上一年税前利润为4 M，需交当年企业所得税2 M。税金是下一年度缴纳，所以此时财务总监没有对应操作。

1.2　年初经营

企业运营流程代表了企业简化的工作流程，其中各项工作需要遵守一定的执行顺序。企业运营流程是实现企业短期经营目标的发展战略的重要保障，全部工作分为年初工作、按季度执行的季度工作和年末需要做的工作。执行企业运营流程时，由首席执行官主持，团队成员各司其职，每执行完一项任务，首席执行官在相应方格中打勾作为完成的标志。在本课程中，模拟企业一共经营6年，而且每年的经营流程都是相同的。本实训只介绍一年的经营流程，其他各年与本实训流程相同。读者可参照本书配备的CAI课件自行完成训练。

【实训内容】

在年初的经营过程中，首先要召开年度会议，根据企业的长期发展战略和发展目标以及上一年年末的战略调整，制定今年短期的发展战略，并制订今年的生产、采购、销售计划，以及广告投放的预算，合理的计划是企业一年顺利运营的基础；同时，企业需要缴纳上一年度的应付税，依法纳税是每个企业及公民的义务；另外，企业年初还要参加销售会议，获取销售订单，这将直接影响企业本年的效益。

在本实训中主要完成以下内容的训练：

首先，召开新一年的年度规划会议，制订企业中长期和近期的各项发展规划；其次，营销总监按照会议结果参加市场年度销售会议，获取并登记订单；同时，财务总监需要支付上一年度的应付税。

【实训要求】

（1）召开董事会，决议制订企业的各种发展规划。

（2）根据上一年的利润表计算应付税。

（3）确定广告投放种类和数量，参加销售会议以获取订单，并进行订单登记。

【实训目的】

（1）了解企业经营决策的制定过程；了解在销售会议中影响订单分配的因素。

（2）掌握应付税的计算方法；掌握销售预算的编制方法。

1.2.1　实训解析

根据实训内容，年初需要完成以下工作：

（1）首席执行官召集相关人员召开年初会议，讨论并制定本年度经营战略：新的一年开始之际，根据企业的中长期发展战略及上一年年末的战略调整，企业管理团队要制定企业今年短期的战略，做出经营规划、设备投资规划、营销策划方案等。在参加销售会议之前需要计算企业的可接单量，企业可接单量主要取决于现有库存和生产能力。

（2）财务总监支付应付税：每年年初需要缴纳上一年度的应付税。应付税计算的方式是查看上一年度的利润表中"所得税"一项，根据该数值缴纳应付税。

（3）营销总监参加新年度销售会议：销售会议会按照各企业的市场定位、广告投放、竞争态势、市场需求等条件分配客户订单。

1.2.2　实训步骤

第1步：首席执行官召集相关人员召开年初会议。

（1）制定企业的经营战略。

（2）制订企业经营规划、设备投资规划、营销策划方案等。

（3）计算本年度可接单量。

> 企业召开年初会议的目的在于明确本年度的生产、销售、开拓任务，即以销售为龙头，结合企业对未来的预期，编制生产计划、采购计划、设备投资计划、市场开拓计划及认证开发计划，并进行相应的资金预算，将企业的供产销活动有机结合起来，使企业各部门的工作形成一个有机整体。

第2步：财务总监支付上一年度的应付税。

（1）财务总监查询上一年度资产负债表，根据上一年度税前利润计算应付税。

（2）财务总监根据计算结果到现金库提取相应现金，得到应付税费用。

（3）财务总监将现金交于政府税务机关，支付应付税。

第3步：营销总监参加新年度销售会议，在获得订单后登记销售订单。

（1）营销总监根据公司战略目标、市场开拓及认证开发情况，填写广告申请表。

（2）营销总监根据广告申请表向财务总监申请广告费用。

（3）营销总监向市场管理员提交广告申请表和广告费用。

（4）市场管理员按广告申请表分配产品订单。

（5）营销总监在订单登记表上登记订单。

➡ 争取客户订单前，应以企业的产能、设备投资计划等为依据，避免接单不足、设备闲置，或因盲目接单而无法按时交货，导致企业信誉降低。

❓ 在参加新年度销售会议之前，企业需要对哪些要素进行统计计算？

1.2.3 实训小结

通过本节实训使读者了解企业年初经营的流程，即制定一年营销战略及计划，支付上一年度的应付税，根据生产能力及企业现行状况投放广告并获得相应的订单，为后期的采购、生产、销售等工作做好准备。

1.3 年中按季度经营

在企业运营流程中，年中的所有业务需要按季度进行，并按照企业的年度发展战略执行。每项工作在各个季度都需要在首席执行官的监控下逐项、有序地执行，这是企业运营的核心部分，包括采购、生产、完工入库、销售的全部过程。本节实训只模拟一个季度的经营步骤，其他三个季度的经营与本节一致。

【实训内容】

在年中按季度经营的过程中，应该严格按照年初的各项计划完成生产任务。合理采购原材料是控制库存的有效手段，有计划地更新生产线可以进一步提高企业的生产效率，适当的贷款可以确保企业现金流的顺畅，等等。本节实训的内容——年中按季度经营是企业核心的业务，实训的步骤是企业经营的主流程，是企业经营能否获利的关键。

在本实训中主要完成以下内容的训练：

更新短期贷款并还本付息、申请短期贷款、更新应付账款并归还应付账款、购买原材料并入库、更新原料订单、下原料订单、更新生产并对完工产品入库、员工上岗和辞退、生产线转型、变卖生产线、生产线转产、产品研发投资、更新应收账款并对应收账款收现、产品出库并按销售订单交货。

【实训要求】

（1）更新短期贷款，对到期的贷款进行还本付息。

（2）在有贷款需求时申请新的短期贷款。

（3）更新应付账款，对到期的应付账款进行还款。

（4）根据原料订单领取原材料并对原材料入库。

（5）更新原料订单。

（6）每个季度根据采购计划下新的原料订单。

（7）对生产线上的在制品进行更新生产，将生产完成的成品并入成品库。

（8）为新进员工和离职人员分别办理上岗和离职手续。

（9）在产能不能够满足需要时，进行生产线转型。

（10）在生产线转型之前需要对原生产线进行变卖，获取报废残值。

（11）在市场产品需求发生变化时，进行生产线转产。

（12）进行产品研发投资，确保企业产品在市场中处于领先地位。

（13）更新应收账款，对到期的应收账款进行收现。

（14）按照订单进行产品出库并交货。

【实训目的】

（1）了解原材料采购及付现流程；了解生产管理的方法；了解人力资源管理的方法。

（2）理解产品研发投资的方法与意义；理解产品销售及收现流程。

（3）掌握短期贷款额度的计算方法；掌握采购计划的制订方法。

1.3.1 实训解析

根据实训内容，年中需要按季度完成以下工作：

（1）更新短期贷款并还本付息：如果企业有短期贷款，则向现金库方向移动 1 格，移至现金库时表示贷款到期。

（2）申请短期贷款：短期贷款只有在这一时点上可以申请，申请的最高额度 = 上一年的所有者权益 ×2 −（已有短期贷款 + 一年内到期的长期负债）。

（3）更新应付账款并归还应付账款：应付账款的更新操作同样是由财务总监执行，每个季度向现金库方向移动 1 格，到达现金库时从现金库中取出相应现金付清应付账款，做好现金收支记录。

（4）购买原材料并入库：供应商发出的订货已运抵企业时，企业必须无条件接收货物并支付料款。

（5）更新原料订单：物流总监将原料订单区中的空桶向原料库方向推进 1 格，到达原料库时向财务总监申请原料款，支付供应商换取原料。如果现金支付，财务总监要做好现金收支记录。如果启用应付账款，必须在沙盘上做相应标记。

（6）下原料订单：物流总监根据年初制订的采购计划，决定采购的原料种类及数量。每个空桶代表一批原料，实训模拟时将相应数量的空桶放置于对应品种的原料订单处。

（7）更新生产并对完工产品入库：由生产总监将各生产线上的在制品推进 1 格。产品下线表示完工，实训模拟时将产品放置于相应的成品库中。

（8）员工上岗和辞退：按照实际需要对本企业员工进行上岗、辞退处理。

（9）生产线转型：投资新设备时，生产总监首先领取新生产线标识，翻转放置于某厂房相应位置，其上放置与该生产线安装周期相同的空桶，每个季度向财务总监申请建设资金（额度＝设备总购买价/安装周期），财务总监做好现金收支记录。在全部投资完成之后的下一个季度，将生产线标识翻转过来，领取产品标识，转型后的生产线可以开始投入使用。

（10）变卖生产线：当生产线上的在制品完工之后，可以变卖生产线。如果此时该生产线的净值小于残值，将生产线净值直接转到现金库中；如果该生产线的净值大于残值，从生产线净值中取出等于残值的部分置于现金库中，再将差额部分置于综合费用的"其他"项，财务总监须做好现金收支记录。

（11）生产线转产：生产线转产是指某生产线生产其他产品。不同类型生产线转产时所需的调整时间及资金投入是不同的。如果需要转产且该生产线需要一定的转产周期和转产费用，请生产总监翻转生产线标识，按季度向财务总监申请并支付转产费；停工时间满足转产周期要求并支付全部的转产费用后，再次翻转生产线标识，领取新的产品标识，即可开始新的生产。此过程中财务总监须做好现金收支记录。

（12）产品研发投资：按照年初制订的产品研发计划，生产总监向财务总监申请研发资金，并置于相应产品生产的位置。此过程中财务总监须做好现金收支记录。

（13）更新应收账款并对应收账款收现：财务总监将应收账款向现金库方向推进1格，到达现金库时即成为现金，做好现金收支记录。

（14）产品出库并按销售订单交货：营销总监检查各成品库中的成品数量是否满足客户订单的要求，若满足则按照客户订单交付约定数量的产品给客户，并在订单登记表中登记该批产品的成本。客户按订单收货，并按订单上列明的条件支付货款；若为现金付款，营销总监直接将现金置于现金库，财务总监做好现金收支记录；若为应收账款，营销总监将现金置于应收账款相应账期处。

1.3.2　实训步骤

第1步：更新短期贷款并还本付息。

（1）财务总监每个季度（1个生产周期）检查一次短期贷款是否到账。短期贷款到账后，财务总监去现金库领取现金向银行偿还短期贷款。

（2）偿还银行利息。

第2步：申请短期贷款。财务总监向银行申请短期贷款，银行查询企业上一年度财务报表中的所有者权益及企业的贷款情况（贷款总额的最大值为所有者权益的2倍），再根据规则决定是否给予贷款。

> 企业随时可以向银行申请高利贷，高利贷的贷款额度视企业当时的具体情况而定。如果贷了高利贷，可以用倒置的空桶表示，并与短期贷款同样管理。

第3步：更新应付账款并归还应付账款。

（1）财务总监审查应付账款，确认应付账款到期。

（2）财务总监去现金库领取现金，向供应商缴纳应付账款。

第 **4** 步：购买原材料并入库。

（1）物流总监领取到期需要领料的订单，向财务总监提取现金并支付。

（2）物流总监向供应商提交订单和原材料费用，供应商售予原材料，原材料入库。

第 **5** 步：更新原料订单。原材料已经入库的需要从原料订单中删除。

第 **6** 步：下原料订单。物流总监根据生产需要和原材料的库存情况，适时下原料订单并向供应商提交原料订单。

❓ 下原料订单前是否需要进行产能计算，如何计算？

第 **7** 步：更新生产并对完工产品入库。生产总监对未生产完成的在制品进行更新生产。更新生产后，未完工的产品继续生产，完工产品进行入库处理。

第 **8** 步：员工上岗和辞退。

（1）人力资源部门招聘员工并分配职位，员工到企业上岗。

（2）人力资源部门决定辞退某员工，员工申请辞退金，财务总监支付辞退金。

第 **9** 步：生产线转型。

（1）根据生产规模以及对未来市场的预测，企业可以有计划地进行生产线转型。

（2）生产总监向财务总监申请生产线转型费用，并向生产线供应商提交生产线类型、产品生产许可类型等信息，以及生产线费用。

（3）生产线转型需要投资周期，到期后才可以投入生产。

➡ 生产线一旦建设完成，不得在各厂房间随意移动。

第 **10** 步：变卖生产线。

（1）物流总监向市场管理员申请需变卖的生产线。

（2）市场支付物流总监相应的报废残值。

（3）物流总监将报废残值交给财务总监入现金库。

第 **11** 步：生产线转产。

（1）只有当生产线空置时，才允许转产。

（2）生产总监向生产线供应商提交原生产线的产品生产许可凭证，同时提交新的产品生产许可申请。

（3）生产线供应商根据生产线类型及新的产品生产许可类型确定转产费用额度。

第 **12** 步：产品研发投资。

（1）财务总监每个季度向营销总监支付研发费用。

（2）营销总监向开发管理处提交研发费用并领取产品开发凭证。

（3）到开发期满时，营销总监向开发管理处提交凭证，开发管理处发放生产资格证。

（4）在领到生产资格证之后可以进行新产品的生产。

12

➡️ *产品研发投资完成，即可领取相应产品的生产资格证。*

第13步：更新应收账款并对应收账款收现。

（1）更新应收账款。

（2）对到期的应收账款，财务总监领取应收账款凭证并向客户提交。

（3）客户支付相应款项，财务总监将应收账款入库。

➡️ *在资金出现缺口且不具备银行贷款的情况下，可以考虑应收账款贴现。应收账款贴现随时可以进行。财务总监将应收账款按 1:6 的比例到银行办理贴现（提前转为现金），凭应收账款凭证到银行进行兑换，换回现金与贴现凭证，现金直接置于"现金"处，贴现凭证放入支出"其他"项，计入额外支出。*

第14步：产品出库并按销售订单交货。

（1）营销总监根据产品订单从成品库提货。

（2）营销总监将产品交给客户。

➡️ • *必须按订单整单交货。*
• *第一季度结束，其他各季度依次重复上述步骤。*

1.3.3 实训小结

通过本节实训，企业完成了 4 个生产周期（4 个季度）的生产任务，同时按照订单交付了产品，完成年初领取的销售订单。每个周期的生产任务包括以下内容：短期贷款的申请与还款；根据生产需求下原料订单并进行更新，原材料的采购与入库；生产线的购买、变卖与转产；更新生产与完工入库；应收账款更新与收现；订单交付。这一系列操作构成了企业最核心的生产过程，而通过 4 个周期企业就完成了一年的生产过程。

1.4 年末经营

在企业运营流程中，有一部分业务将在年底发生，并且只在年底发生一次，如申请长期贷款、市场开拓、ISO 认证，所有任务均在首席执行官的监控下逐项完成。如果错过这些操作，将影响企业中长期发展规划的进程。除了上述工作外，企业还有一项重要工作——总结本年度的经营状况，即通过一年的经营编制利润表和资产负债表，以衡量企业一年的经营成果与财务状况，进而分析本年度的战略执行情况，并依据长期、中期发展战略和发展目标，判断下一年度是否对企业短期发展战略进行调整。

【实训内容】

在年末的经营过程中，企业工作主要体现在 3 个方面：第一是企业需要完成一些只能在本年年末实施的工作任务，如支付一年内的差旅费、招待费等行政管理费用，支付设备的维修费用并提取折旧费，对本年度的生产进行盘点并结账；第二是企业应该对未来的经营做好准备，如申请长期贷款以确保资金流的顺畅，变卖或租用厂房以扩大生产规模，开拓新市场以扩展企业产品销售范围，进行 ISO 资格认证投资以提高企业的生产水平；第三是企业需要对这一年的经营进行总结和改进，根据经营状况以及年初制定的中期、长期发展战略判断下一年的发展战略及方向。

在本实训中主要完成以下内容的训练：

支付行政管理费用和工资、更新长期贷款并支付利息、申请长期贷款、支付设备维修费及提取设备折旧费、变卖厂房、租厂房并付租金、购买厂房并支付房款、新市场开拓投资、ISO 资格认证投资、结账。

【实训要求】

（1）计算行政管理费用并按照计算结果进行支付，同时支付员工工资。

（2）更新长期贷款，每年偿还一次利息，对到期的长期贷款还本付息。

（3）每年申请一次长期贷款。

（4）每年支付设备维修费和提取折旧费用，在建工程和当年上线的设备无须支付。

（5）进行厂房的变卖、租赁、购买，并支付相应的租金和房款。

（6）每年根据计划进行一次新市场的开拓投资。

（7）每年根据计划进行一次 ISO 认证的投资。

（8）年终进行盘点结算，编制利润表和资产负债表。

【实训目的】

（1）了解行政管理费用的构成；了解市场开拓和 ISO 认证的方法与意义。

（2）掌握长期贷款最大额度及利息的计算方法；掌握设备折旧的计算方式；掌握厂房变卖、租赁、购买的规则；掌握利润表和资产负债表的编制方法。

1.4.1 实训解析

根据实训内容，年末需要完成以下工作：

（1）支付行政管理费用和工资：管理费用是企业为了维持运营而发放的管理人员的工资、必要的差旅费、招待费等。

（2）更新长期贷款并支付利息：如果企业有长期贷款，请财务总监将空桶向现金库方向移动 1 格，当移至现金库时，表示长期贷款到期。长期贷款的年贷还款规则是每年付息，到期还本。如果当年未到期，每桶需要支付 2 M 的利息，财务总监从现金库中取出长期贷款利息置于沙盘上的"利息"处，并做好现金收支记录。长期贷款到期时，财务总监从现金库中取出现金归还本金及当年利息，并做好现金收支记录。

（3）申请长期贷款：长期贷款只有在年末可以申请。可以申请的额度 = 上一年所有者权益 ×2 –（已有长期贷款 + 一年内到期的长期贷款）。

（4）支付设备维修费及提取设备折旧费：在用的每条生产线都需要支付 1 M 的维护费。

财务总监取相应现金置于沙盘上的"维修费"处，并做好现金收支记录。设备的折旧按照余额递减法计提折旧，在建工程及当年新建设备不计折旧。为了计算方便，令折旧＝原有设备价值/3。财务总监从设备净值中取折旧费用放置于沙盘上的"折旧"处。当设备价值下降到 3 M 时，每年折旧 1 M。

（5）变卖厂房：资金不足时可以出售厂房，厂房按照购买价值出售。

（6）租厂房并付租金：厂房租赁时，财务总监取出与厂房租金相等的现金置于沙盘上"租金"处，并做好现金收支记录。

（7）购买厂房并支付房款：购买厂房时，财务总监取出与厂房价值相等的现金置于沙盘上"厂房价值"处，并做好现金收支记录。

（8）新市场开拓投资：财务总监取出现金放置在要开拓的市场区域，并做好现金支出记录。市场开拓完成，从相关部门领取相应的市场准入凭证。

（9）ISO 资格认证投资：财务总监取出现金放置在要认证的区域，并做好现金支出记录。认证完成，从相关部门领取 ISO 资格证。

（10）结账：通过一年的经营，年终要做一次盘点，编制利润表和资产负债表。

1.4.2 实训步骤

第 1 步：支付行政管理费用和工资。

（1）财务总监根据管理费用凭证和工资单据提取相应现金金额。

（2）向政府提交费用，向员工发放工资。

第 2 步：更新长期贷款并支付利息。

（1）更新长期贷款。

（2）对到期的长期贷款进行确认。

（3）从现金库领取现金，向银行偿还贷款。

（4）偿还银行利息。

第 3 步：申请长期贷款。

（1）财务总监向银行申请长期贷款。

（2）银行查询企业上一年度财务报表中的所有者权益及企业的贷款情况（贷款总额的最大值为所有者权益的 2 倍），再根据规则决定是否给予贷款。

第 4 步：支付设备维修费，按照折旧计算方法提取设备折旧费。

（1）财务总监根据设备维修费单据提取现金。

（2）财务总监将现金提交给政府。

➡ 计提折旧时只涉及生产线净值和其他费用两个项目，与现金流无关。

第 5 步：变卖厂房。

（1）企业在变卖厂房前要确定厂房为空，即需要变卖全部生产线。

15

（2）生产总监将房产证交给厂房租售商。

（3）厂房租售商根据厂房类型支付厂房费用，生产总监将变卖厂房的费用交给财务总监入现金库。

第6步：租厂房并付租金。

（1）企业决定租用厂房类型，并填写厂房租售单。

（2）生产总监根据厂房租售单向财务总监申请租用厂房费用。

（3）生产总监将租售单和租金提交厂房租售商。

（4）厂房租售商将租赁厂房凭证交给生产总监作为租房凭证。

第7步：购买厂房并支付房款。

（1）企业决定购买厂房类型，并填写厂房租售单。

（2）生产总监根据厂房租售单向财务总监申请购买厂房费用。

（3）生产总监将租售单和购房款提交厂房租售商。

（4）厂房租售商将房产证交给生产总监作为购房凭证。

第8步：新市场开拓投资。

（1）企业根据经营状况以及对未来市场的预测制订市场开拓计划。

（2）根据市场开拓计划向市场开拓协会提交市场开拓费用，并登记开拓凭证。

（3）开拓期满时，从市场开拓协会领取市场准入凭证。

❓ 开拓新市场的目的是什么？

第9步：ISO 资格认证投资。

（1）企业根据经营状况以及对未来市场的预测制订 ISO 认证计划。

（2）根据 ISO 认证计划向 ISO 认证协会提交 ISO 认证费用，并登记 ISO 认证凭证。

（3）认证期满时，从 ISO 认证协会领取 ISO 资格证。

❓ 获得 ISO 认证的优势体现在哪里？

第10步：结账。

（1）财务总监进行财务结账，编制本年度的利润表和资产负债表。

（2）营销总监进行库存盘点。

➡ 第一年企业经营结束，其他 5 年依次重复上述步骤。

1.4.3 实训小结

通过本节实训，企业完成了年末的生产任务，主要包括费用的提交、认证的投资以及盘点结账。首先，支付了一年的行政管理费用，并且更新了长期贷款，对到期贷款还本付息，同时申请新的长期贷款；然后，支付设备的维修费与折旧费，购买、租赁、变卖厂房；再者，对市场开拓和 ISO 认证进行投资；最后，进行盘点结账，完成利润表和资产负债表的编制工作。

本章小结

本章实训通过沙盘模拟企业6年的经营状况，使学员在企业中扮演不同的角色。这种模拟有助于学员了解企业的业务，形成宏观规划、战略布局的思维模式。在生产经营的过程中，主要模拟了企业年初经营、年中按季度经营、年末经营3个阶段的业务流程，涉及的主要业务有参加年度销售会议、申请贷款、设备的投资与改造、生产计划、采购计划、内部流程及控制。

应该注意的是：

1. 参加年度销售会议。年度销售会议主要是根据公司市场定位、广告投放、市场需求等条件分配客户订单。但是在参加销售会议之前，需要结合企业现状及对未来的预期编制生产计划、采购计划、设备投资计划，并进行相应的资金预算。如此，才能将企业的供产销活动有机地结合起来，使企业各个部门的工作形成一个有机整体。

2. 申请贷款。资金是企业的血液，是企业任何活动的支持。所以，一旦企业资金出现断流，企业将濒临破产。所以在企业经营过程中，有计划的合理的贷款将有力地促进企业的发展。

3. 设备的投资与改造。设备投资与改造是提高产能、保障企业持续发展的战略之一。企业进行设备投资时需要考虑市场对产品的需求状况、企业目前的产能、新产品的研发进程、设备投资分析、新设备生产何种产品等因素。

4. 生产计划。主生产计划是沟通企业前方（市场、销售等需方）和后方（制造、供应等供方）的重要环节。物料需求计划是主生产计划的具体化，能力需求计划是对物料需求计划做能力上的平衡和验证。

5. 采购计划。编制采购计划要求确定采购的种类、数量及采购时间。用生产计划中产品的数量减去现有库存，并根据产品的物料清单展开，就可以确定物料的种类及数量。同时，采购计划还需要确定何时采购才能保证既不出现原料短缺又不积压的管理境界，以及采购的提前期与采购政策。

6. 内部流程及控制。企业的日常运营都是在首席执行官的领导下，按照企业运营流程所指示的程序及顺序进行的。企业应对各年每个季度的要点进行记录，以便于核查、分析。这些要点包括订单登记表、产品核算统计表、综合管理费用明细表、利润表、资产负债表等。

思考与练习

1. 如何进行产品市场的需求预测？
2. 如何理解效益？企业获得利润的方式有哪些？
3. 如何衡量企业经营的优劣？
4. 如何计算产能？
5. 为什么要控制现金流？
6. 如何避免采购的盲目性？
7. 怎样制订生产计划？
8. 如何进行全成本核算？如何控制直接成本？如何控制维修成本？

实训2 系统初始设置

学习内容

通过系统管理，建立公司名称、数据库账套并录入员工信息，完成数字化企业搭建的第一步；然后通过设置共用参数和公司基本信息，构建企业的经营模式和原则，完成数字化企业搭建的第二步。

学习目标

1. 了解 ERP 系统中的组织结构管理特征。
2. 掌握管理数据维护的主要目的。
3. 掌握基本信息设置的基本方法。

学习框架

系统初始设置是指应用 ERP 系统的企业将自身实际的管理和控制模式转化为系统管控的设置。系统初始设置的主要内容包括系统管理、设置共用参数以及基本信息设置三部分。如图 2-1 所示为本章的学习框架。

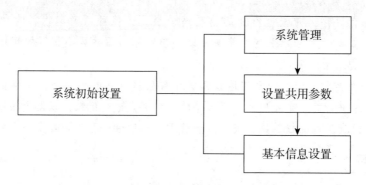

图 2-1　学习框架图

其中，系统管理主要包括账套的建立和用户权限的授予两项；设置共用参数包括基本参数、进销存参数、财务参数等的设置，以及启用系统的设置；基本信息设置包括录入公司信息、录入部门信息、录入工作中心、录入员工姓名及职务类别、录入金融信息、录入付款条件等。

18

2.1　系统管理

系统管理是实现将物质世界的实际企业转化为 ERP 的数字化企业的第一步，即对公司、操作员及其拥有的权限等进行相关设置和管理。

2.1.1　实训概述

【实训内容】

在本实训中主要完成以下内容：

2014 - 11 - 30 光华家具公司开始实施 ERP 系统，在软硬件环境搭建完成后，开始使用系统创建数据库。公司组织结构主要包含采购部、销售部、库存部、财务部、生管部和信息部。从系统的角度设置 1 个操作组——办公椅家具组，该操作组包含的操作人员及其操作权限如表 2 - 1 所示。

表 2 - 1　系统操作人员及权限表

登录者编号	登录者名称	可登入公司别	模块权限	有效码
001	蔡春	cd01	销售模组、存货模组	Y
002	李文	cd01	采购模组、存货模组	Y
003	刘争	cd01	存货模组	Y
004	秦国庆	cd01	销售模组、应收模组	Y
005	李丽	cd01	采购模组、应付模组、总账	Y
006	杨科丰	cd01	全模块（超级用户）	Y
007	焦永涛	cd01	生产管理（工单、主生产排程、物料需求、产品结构、工艺）、存货	Y
DS	系统管理者		超级管理员	Y

【实训要求】

完成系统使用前期的登录控制、数据控制，以及对系统操作组与实际组织结构权限的控制与设置，主要包括录入公司信息、录入用户信息、录入组信息、授予用户权限等。

【实训目的】

(1) 了解数字化企业构建过程及 ERP 系统的集成思想和方法。

(2) 理解系统管理的主要目的和设置方法。

【实训解析】

通过实训内容，在 ERP 系统中录入多公司、用户和组等信息，并授予各用户权限。

按照上述解决方案的设计，系统环境设置如下（如图 2 - 2 所示）：

时点：2014 - 11 - 30；

操作人员：DS（安装系统时默认的系统管理员）。

图 2 - 2　系统登录界面

2.1.2　实训步骤

第1步：录入多公司信息。

（1）登录易飞 ERP 系统。在操作员登录界面上录入"账号"（DS）和"公司"（任选系统中某一公司），确认后进入系统主界面（如图 2 - 3 所示）。

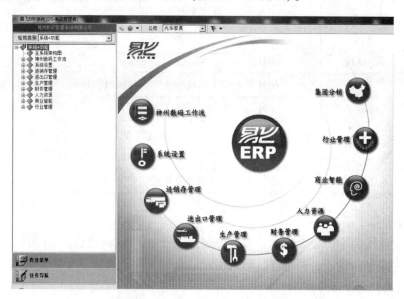

图 2 - 3　易飞 ERP 系统主界面

（2）在系统主界面中选择"系统设置"→"管理维护子系统"，进入"管理维护子系统"界面，单击"录入多公司信息"模块，进入"录入多公司信息"界面，单击"新增"按钮（如图 2 - 4 所示），完成后保存并关闭该界面。

"公司编号""数据库名称"等信息要求使用字母或数字自行编码；可通过"查询"功能对已输入信息进行查找。

图2-4 "录入多公司信息"界面

说明：

* 通过本操作为该公司在 ERP 系统中建立一个账套。
* "公司编号"是 ERP 系统的标识，用以识别不同的公司账套。
* "公司名称"是用户的标识，在进入系统登录界面时需要选择该公司名称。
* 本书实训模拟的公司设置为具有独立法人的企业实体，如果属于集团性质企业则需要根据组织结构建立多个分公司信息。
* "数据库名称"设定后请记住该名称，其将在数据库中显示。本书每一实训前均需要恢复实验数据，恢复数据需要选择数据库名称。
* 本实训对"公司编号"与"数据库名称"设置相同名称，目的在于便于记忆和查找。

第2步：录入用户信息。在图2-2所示登录界面中选择"光华家具"公司，以 DS 账号重新登录系统。在"管理维护子系统"中单击"录入用户信息"模块，进入"录入用户信息"界面（如图2-5所示），单击"新增"按钮，依照表2-1所示内容依次录入并保存。录入完成后关闭该界面。

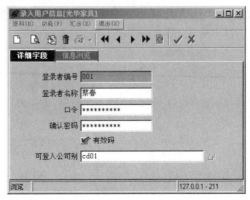

图2-5 "录入用户信息"界面

如果待录入数据项后面有选择按钮，可以单击该按钮或使用 F2 功能键打开待录入数据项的选择窗口。考虑到对系统操作人员维护的便利性，其中 DS 的"可登入公司别"项目可选择登录全部公司，即"可登入公司别"项目的设置为空。

说明："登录者编号"是操作员唯一标识，用户登录系统时，在登录界面需要输入"登录者编号"；"口令"是操作员进入系统的密码，只有系统管理员或操作员本人具有修改密码的权限；建立公司账套之后，需要重新登录到本公司，才能继续创建其他信息。

第 3 步：录入组信息。在"管理维护子系统"中单击"录入组信息"模块，进入"录入组信息"界面（如图 2 - 6 所示），单击"新增"按钮并完成录入。录入完成单击"保存"按钮并关闭该界面。

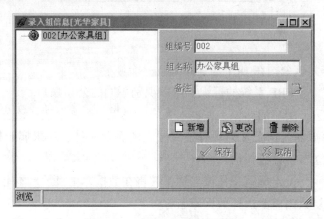

图 2 - 6　"录入组信息"界面

说明："组"用来管理本系统所有用户的组关系，是权限控制的信息来源。

第 4 步：权限授予。

（1）依照表 2 - 1 对用户权限进行设置（除"杨科丰"外）。在"管理维护子系统"中单击"按子系统授予用户权限"模块，打开"按子系统授予用户权限"界面，按表 2 - 1 中信息及图 2 - 7 所示顺序依次设置每一名操作员权限，其他信息采取系统默认方式。每完成一名操作员权限的设置，单击"直接处理"按钮，再继续下一名操作员权限的设置。设置完成关闭该界面。

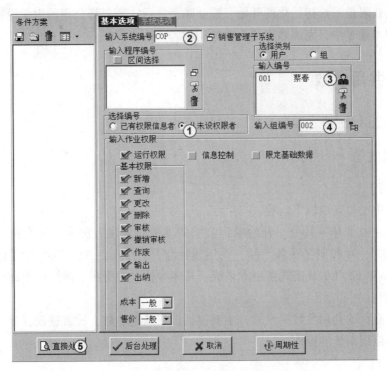

图2-7 按子系统授予用户权限界面

录入权限时请注意选择"从未设权限者",并设置"输入系统编号"。

(2)"杨科丰"权限授予。在"管理维护子系统"中单击"录入用户权限"模块,进入"录入用户权限"界面,单击"新增"按钮,按如图2-8所示内容操作,保存后关闭该界面。

图2-8 录入用户权限界面

此项需要勾选"超级用户"权限来完成。

说明:操作员的其他权限设置采取默认;权限授予的方法多种多样,此操作也可以在"管理维护子系统"的"录入用户权限"模块中进行。

2.1.3 实训小结

本节实训完成了对系统的管理。通过本节实训,可形成系统管理的逻辑:在"管理维护子系统"中建立公司账套并录入用户信息,再授予不同的权限。建立公司账套、录入用户信息并赋予权限是系统初始化的开始。建立账套之后，需要将公司的组织原则、各种信息和数据设置到本账套中，完成数字化企业的构建。

2.2 设置共用参数

共用参数包括企业业务运营规则和共用的基本信息。

2.2.1 实训概述

【实训内容】

在本实训中主要完成以下内容：

2014 - 11 - 30 光华家具公司开始确定公司的参数。采用人民币作为本位币，确定税率为17%，采用单一单位制来核算产品，确定现行年月为 2014 - 11。初始化完成后，光华家具公司于 2014 年 12 月 1 日正式使用本系统。具体参数设置将在下面操作中详细介绍。

【实训要求】

完成公司运行的共用参数的设置，主要包括设置基本参数、设置进销存参数、设置财务参数以及设置启用系统等操作。

【实训目的】

（1）理解共用参数的含义与作用。

（2）理解共用参数设置的主要目的。

（3）掌握共用参数设置的基本方法。

【实训解析】

通过实训内容，在 ERP 系统中设置基本参数、进销存参数、财务参数和启用系统。

按照上述解决方案的设计，系统环境设置如下：

时点：2014 - 11 - 30；

操作人员：DS。

2.2.2 实训步骤

第 1 步：设置基本参数。在如图 2 - 2 所示登录界面进入易飞 ERP 系统，在系统主界面（如图 2 - 3 所示）中选择"系统设置"→"基本信息子系统"，进入"基本信息子系统"界面（如图 2 - 9 所示），单击"设置共用参数"模块，进入"设置共用参数"界面，单击"设置基本参数"页签，按图 2 - 10 所示内容进行操作，完成后保存。

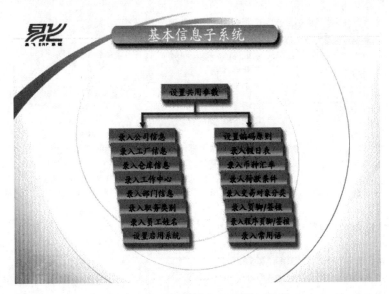

图 2 – 9 "基本信息子系统"界面

说明：启用"一品号对应多条码"，表示启用一个品号商品可以有多个条码的设置，否则表示一个品号商品只能对应一个条码。"数量表达方式"用于设置仓库中物料的使用单位，数量表达方式有 3 种：单一单位、大小单位和存货双单位，其中"单一单位"是指该物料在库存管理时只有一个单位。

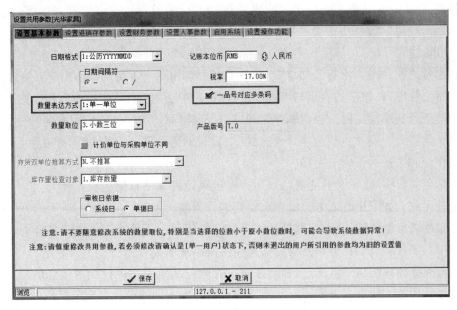

图 2 – 10 "设置基本参数"页签

第 2 步：设置进销存参数。在"设置共用参数"界面中单击"设置进销存参数"页签（如图 2 – 11 所示），采取默认设置即可，完成后保存。本实训不启用"库位管理"。

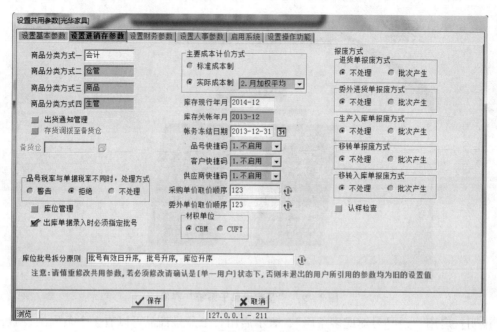

图 2 – 11　"设置进销存参数"页签

说明：

● "商品分类方式"：将品号信息从 4 个角度进行详细分类管理的方式，主要作为本产品相关报表（库存明细表、进耗存统计表）统计汇总的类别，或信息筛选的条件。例如，在"录入品号信息"操作中需要选择该物料的"商品分类方式"。

● "出货通知管理"：该项的启用与否影响销售管理子系统的出货流程。如果该项启用，则需要在出货之前"录入出货通知单"，否则直接办理出货。本实训未启用此项管理。

● "库位管理"：该项的启用与否影响库存管理的层面。如果该项被启用，则库存数量和交易均要统计到库位层面，否则库存管理只到仓库层面。本实训未启用此项管理。

● "库位管理"和"主要成本计价方式"：建议对这两项一旦设置不要随意更改，否则影响后续作业和数据的正确与完整。

● "库存关账年月"：企业年底结账后，经过审计确认的日期为关账年月。一般设置为会计年度的年底。如需更改账务，需在次年度进行调整。

● "库存现行年月"：企业当前处理库存账务的年月，不可小于库存关账年月。此处在日常操作中，系统将自动根据每月的结账操作将该年月加 1。

● "账务冻结日期"：库存盘点和结账时，为避免其他用户进行交易信息的增加与修改而造成查账的困扰，所以在该期间对此项进行设置。本实训的设置为系统默认日期。

● 采购/委外单价取价顺序：采购/委外业务单据上单价的默认采集顺序。

第 3 步：设置财务参数。在"设置共用参数"界面中单击"设置财务参数"页签（如图 2 – 12 所示），设置其中各项信息，完成后保存。

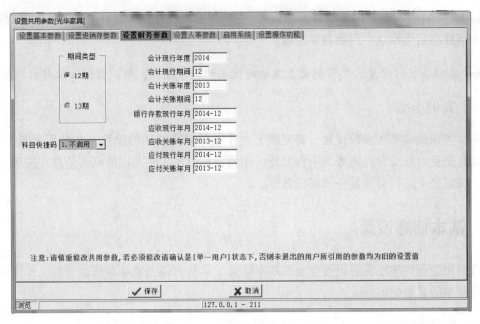

图 2 – 12　"设置财务参数"页签

说明：此处的"会计现行年度""会计关账年度"等与"设置进销存参数"页签中相关参数的含义类似。

第 4 步：设置启用系统。在"设置共用参数"界面中单击"启用系统"页签（如图 2 –13所示），设置启用系统，完成后保存并关闭该界面。

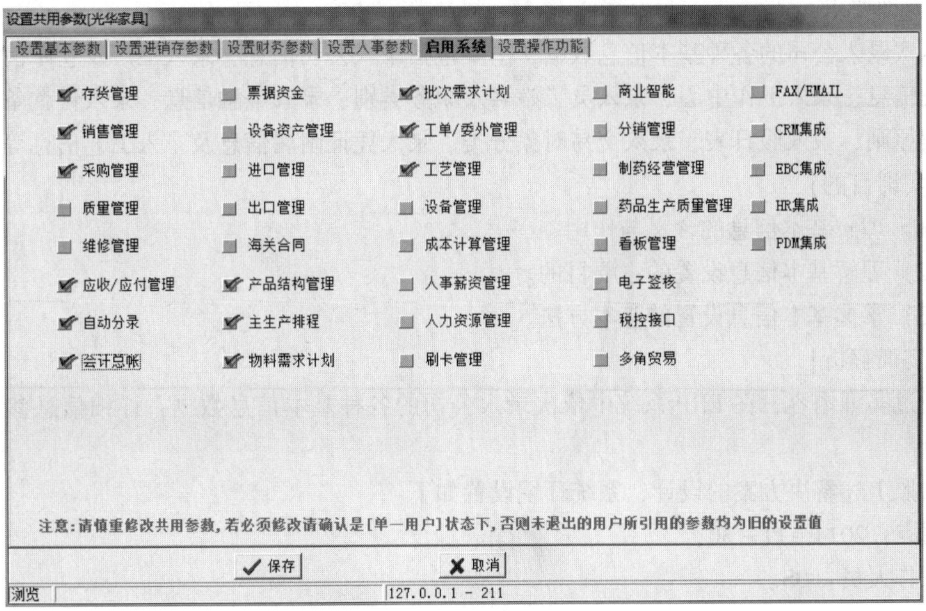

图 2 – 13　"启用系统"页签

27

说明："启用系统"用于设置系统运行中应用的模块，由于系统的集成性，未启用模块的相关信息在启用模块中将被自动隐藏。

➡️ 启用系统的设置，关系到业务模块的录入控制等操作，所以需仔细核对启用系统。

2.2.3　实训小结

本节实训完成共用参数设置，即完成了企业业务运营规则的设置。在共用参数设置中，除了设置企业业务运营规则等共用参数外，还要设置公司一些共用的基本信息。按照参数的要求，确定企业运行必须具备的基础数据。

2.3　基本信息设置

数字化企业构建还需要设置企业的基本信息。本节实训完成基本信息设置，即完成公司的各种基本信息数据的录入。

2.3.1　实训概述

【实训内容】

在本实训中主要完成以下内容：

2014 - 11 - 30 光华家具公司的共用参数确定后，开始录入公司的基本信息，其具体资料将在下面操作中详细介绍。

【实训要求】

依次录入公司的各种基本信息数据，主要包括录入公司信息、录入工厂及仓库信息、录入部门信息、录入工作中心、录入员工姓名及职务类别、录入金融信息、录入付款条件、设置编码原则、录入假日表、录入交易对象分类、录入凭证附属信息及录入工艺信息等操作。

【实训目的】

（1）理解基本信息的含义与作用。

（2）理解基本信息设置的主要目的。

（3）掌握基本信息设置的基本方法。

【实训解析】

通过实训内容，在 ERP 系统中依次录入公司的各种基本信息数据，详细信息参看操作步骤。

按照上述解决方案的设计，系统环境设置如下：

时点：2014 - 11 - 30；

操作人员：DS。

2.3.2 实训步骤

第 1 步：录入公司信息。登录易飞 ERP 系统，在系统主界面（如图 2 - 3 所示）中选择"系统设置"→"基本信息子系统"，在"基本信息子系统"界面中单击"录入公司信息"模块，进入"录入公司信息"界面，再单击"查询"按钮即可查询本公司信息。在如图 2 - 14 所示界面进行相应信息的录入，完成后保存并关闭该界面。

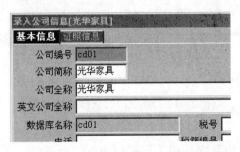

图 2 - 14 "录入公司信息"界面

说明：该项信息在"2.1 系统管理"介绍的建立公司账套时已经初步设置，这里主要是进一步维护公司详细信息。

第 2 步：录入工厂及仓库信息。

（1）录入工厂信息。在"基本信息子系统"界面中单击"录入工厂信息"模块，进入"录入工厂信息"界面，单击"新增"按钮，依照表 2 - 2 所示信息进行录入，完成后保存并关闭该界面，如图 2 - 15（a）所示。

（2）录入仓库信息。在"基本信息子系统"界面中单击"录入仓库信息"模块，进入"录入仓库信息"界面，单击"新增"按钮，依照表 2 - 3 所示信息依次进行录入并保存，完成后关闭该界面，如图 2 - 15（b）所示。

表 2 - 2 工厂信息表

工厂编号	工厂名称
BGJJGC	办公家具工厂

表 2 - 3 仓库信息表

仓库编号	仓库名称	工厂编号	仓库性质	纳入可用量计算	库存不足准许出库
BGYC	办公椅仓	BGJJGC	存货仓	√	不打√
YCLC	原材料仓	BGJJGC	存货仓	√	不打√
DBYC	大班椅仓	BGJJGC	存货仓	√	不打√

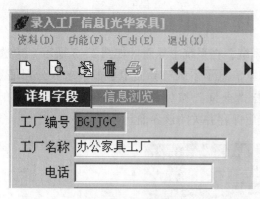

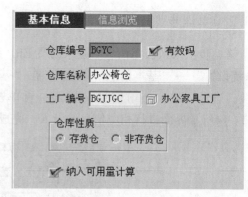

(a) 录入工厂信息界面　　　　　　　　(b) 录入仓库信息界面

图 2 - 15　录入工厂及仓库信息界面

说明：

● 工厂信息为库存、商品交易相关报表信息的筛选条件，在运行主生产计划和需求计划时工厂信息也是一个重要的筛选条件。

● "纳入可用量计算"用于设置该仓库的库存数量是否可以作为使用量。

● 如果共用参数设置中启用"库位管理"，则在"录入仓库信息"界面中有库位图标，单击该图标即可进入"库位信息维护"界面进行库位维护。本实训未启用"库位管理"，故库位图标隐藏。

第3步：录入部门信息。在"基本信息子系统"界面中单击"录入部门信息"模块，进入"录入部门信息"界面（如图 2 - 16 所示），单击"新增"按钮，按表 2 - 4 所示部门信息内容依次录入，完成后单击"保存"按钮并继续下一个部门信息的录入，最后关闭该界面。

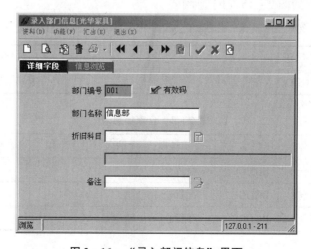

图 2 - 16　"录入部门信息"界面

表 2 – 4　部门信息表

部门编号	部门名称
001	信息部
002	销售部
003	库存部
004	采购部
005	财务部
006	生管部

说明:"折旧科目"用于"设备资产管理子系统"中"自动摊提折旧"处理。系统在自动生成会计凭证时,该部门的折旧费用可自动入账到对应科目。本书不涉及此实训,故不进行设置。

第 4 步:录入工作中心。在"基本信息子系统"界面中单击"录入工作中心"模块,进入"录入工作中心"界面,单击"新增"按钮,依照图 2 – 17 所示录入办公椅加工中心的相关信息,完成后保存并关闭该界面。

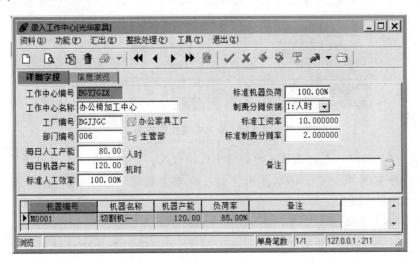

图 2 – 17　"录入工作中心"界面

说明:ERP 系统中,"工作中心"代表基本的生产单位。本实训把工作中心定义为生产车间,在后续"录入工艺信息"设置或日常生产操作中作为信息筛选条件。

第 5 步:录入员工姓名及职务类别。

(1) 录入员工姓名。在"基本信息子系统"界面中单击"录入员工姓名"模块,进入"录入员工姓名"界面,单击"查询"按钮即可查询已经录入的用户信息,依照表 2 – 5 所示内容对已经录入的信息逐一进行修改并保存,完成后关闭该界面。

表2-5 人员及职务部门表

职务编号	职务分类	职务名称	人员编号	人员名称	姓名	部门	部门名称
001	3：业务	业务专员	001	蔡春	蔡春	002	销售部
002	4：采购	采购专员	002	李文	李文	004	采购部
003	1：物管	物管员	003	刘争	刘争	003	库存部
004	5：会计	财务应收会计	004	秦国庆	秦国庆	005	财务部
005	5：会计	财务应付会计	005	李丽	李丽	005	财务部
006	B：管理	经理	006	杨科丰	杨科丰	001	信息部
007	2：生管	生产主管	007	焦永涛	焦永涛	006	生管部
008	B：管理	信息部经理	008	DS	系统默认管理者	001	信息部

（2）录入职务类别。在"基本信息子系统"界面中单击"录入职务类别"模块，进入"录入职务类别"界面，单击"新增"按钮，在如图2-18所示界面依照表2-5所示内容逐一进行职务录入操作并保存，完成后关闭该界面。

图2-18 录入职务类别界面

➡ 部门信息必须从先前已录入的部门中选择代入；可以单击"人员编号"弹出筛选框进行开窗选择；可以一职多人，如一份职务需录入多个人员，在表身新增一行即可。

第6步：录入金融信息。

（1）录入金融机构。从系统主界面（如图2-3所示）左边树状结构处选择"系统设置"→"基本信息子系统"→"基础设置"，然后双击"录入金融机构"模块，进入"录入金融机构"界面，单击"新增"按钮，录入"金融机构编号"为"001"、"金融机构名称"为"中国建设银行北京分行"等信息，完成后保存并关闭该界面。

（2）录入币种汇率。在"基本信息子系统"界面中单击"录入币种汇率"模块，进入"录入币种汇率"界面，单击"新增"按钮，录入如图2-19所示与货币有关的信息，完成后保存并关闭该界面。

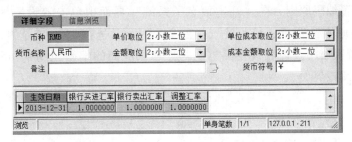

图 2-19　录入币种汇率信息界面

说明："币种"项的长度最多为 2 个汉字（或 4 个字母，含数字）。

第 7 步：录入付款条件。在"基本信息子系统"界面中单击"录入付款条件"模块，进入"录入付款条件"界面，单击"新增"按钮，依照图 2-20 所示录入付款条件，完成后保存并关闭该界面。

说明："类别"有两类："1：采购/委外""2：销售"。其中：

（1）"类别"：1.采购/委外，"编号"：000001，"名称"：供应商；

（2）"类别"：2.销售，"编号"：000002，"名称"：客户。

两个类别的付款条件相同。

分别选择"类别"设置上述两类"付款条件"，如图 2-20 所示。本实训两类设置除"编号"及"名称"外，其他设置相同。

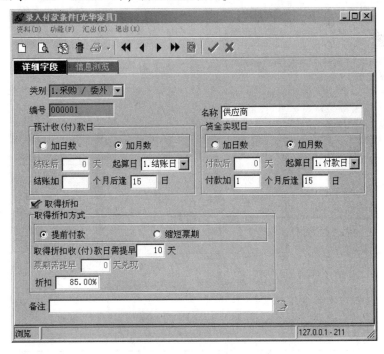

图 2-20　"录入付款条件"界面

第8步：设置编码原则。在"基本信息子系统"界面中单击"设置编码原则"模块，进入"设置编码原则"界面，依照图 2 – 21（a）所示选择需要设置的编码类别，依照图 2 – 21（b）所示顺序及内容设置品号、客户和供应商的编码原则（可设置 4 类编码），完成后保存并关闭该界面。

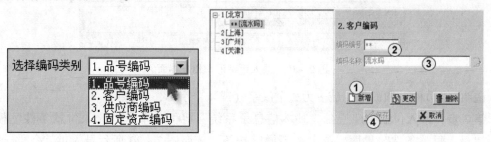

(a)"选择编码类别"界面　　　　　　　　(b)"客户编码"界面

图 2 – 21　设置编码原则界面组

> 编码原则为树状结构；末级应设置为系统自动生成的"流水码"，以"＊"显示，"＊"的位数由企业的实际需求确定。

说明：对于品号、客户、供应商、固定资产等信息，系统提供自动编号的功能，但前提是在本操作前先设置编码原则，然后在四类基础数据建立时就可以依此设置来自动编码。

第9步：录入假日表。在"基本信息子系统"界面中单击"录入假日表"模块，进入"录入假日表"界面（如图 2 – 22 所示），单击"新增"按钮，录入假日表的相关信息，完成后关闭该界面。

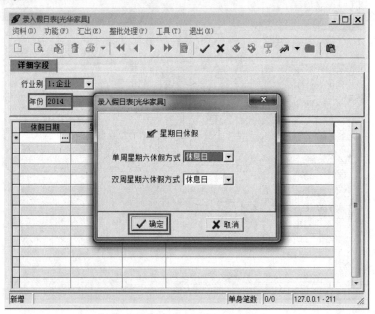

图 2 – 22　"录入假日表"界面

本实训只需设置"行业别"为企业的假日表;"休假方式"有3种:休半天、休息日和不休,本实训选择周六的休息方式为"休息日";输入休假日期的时候,系统自动生成假期计划,并可以修改。

说明:在做生产计划的排产、采购到货日时,系统会考虑工厂的假日表。

第10步:录入交易对象分类。在"基本信息子系统"界面中单击"录入交易对象分类"模块,进入"录入交易对象分类"界面,单击"新增"按钮,依照提示信息依次进行录入并保存,录入完成后关闭该界面。

说明:为了强化客户及供应商的分类及类型管理,交易对象分类将来可作为销售分析或相关统计报表的筛选条件。

第11步:录入凭证附属信息。在"基本信息子系统"界面中依次单击"录入页脚/签核"及"录入程序页脚/签核"模块,分别进入"录入页脚/签核"界面及"录入程序页脚/签核"界面并单击"新增"按钮,将信息分别进行录入并保存,完成后关闭该界面。

说明:系统凭证在打印时可指定此编号,如此便可代入所指定页脚或签核编号的内容。通过"录入程序页脚/签核"界面可设置具体程序采用哪支页脚/签核(此处读者自行填入)。

第12步:录入工艺信息。从系统主界面(如图2-3所示)左边树状结构处选择"系统设置"→"基本信息子系统"→"基础设置",然后双击"录入工艺信息"模块,进入"录入工艺信息"界面(如图2-23所示),单击"新增"按钮,按表2-6所示信息依次进行录入并保存,信息录入完成后关闭该界面。

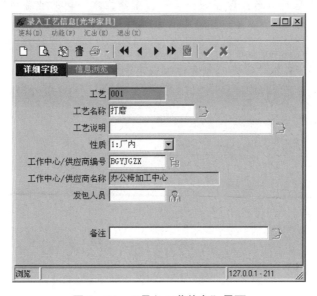

图2-23 "录入工艺信息"界面

35

表2-6 工艺信息表

工艺	工艺名称	性质	工作中心编号	工作中心名称
001	打磨	厂内	BGYJGZX	办公椅加工中心
002	组装	厂内	BGYJGZX	办公椅加工中心

说明：此操作用来定义办公椅加工中心中的工艺名称和工艺性质，便于在后续设置办公椅加工中心的工艺路线。

2.3.3 实训小结

本节实训完成基本信息设置，实际操作中各类信息的设置顺序不一定完全按照本实训进行，但一些基本信息的设置仍具有必要的前后顺序。基本信息仅为企业的共用信息，若完成全部初始化，还需要把系统各业务子系统的基础数据和企业期初数据录入系统中。

本章小结

本章实训模拟了 ERP 系统初始化过程的第 1 步和第 2 步，主要包括系统管理、基本信息设置等操作，涉及易飞 ERP 系统的"系统设置"中"管理维护子系统""基本信息子系统"的各种数据设置模块。

应该注意的是：

1. 通过系统管理在 ERP 系统中建立公司及用户，并在系统中完成数字化公司的命名。

2. 设置该公司的基本信息，即在该公司账套中建立本公司的业务运营规则及组织原则。

思考与练习

设置共用参数时，成本计价方式包含标准成本制和月加权成本制，两者的计价方式分别为何？

实训3　基础信息设置及期初开账

学习内容

本实训主要完成企业基础数据的设置和各子系统的期初开账，是数字化企业搭建的第三步和第四步——设置企业各业务模块的基础数据和设置企业期初数据，至此完成数字化企业搭建。

学习目标

1. 了解 ERP 系统的主要功能模块。
2. 理解基础信息设置的主要目的和控制作用。
3. 掌握基础信息设置的基本方法，包括采购、销售、存货、生产、自动分录、应收/应付、总账等管理系统。
4. 理解期初开账的意义，掌握其设置方法。

学习框架

基础信息设置及期初开账是企业初始化的重要组成部分，主要包括存货管理、采购与应付管理、生产管理、销售与应收管理、会计总账与自动分录管理以及期初开账。如图 3－1所示为本章学习框架。

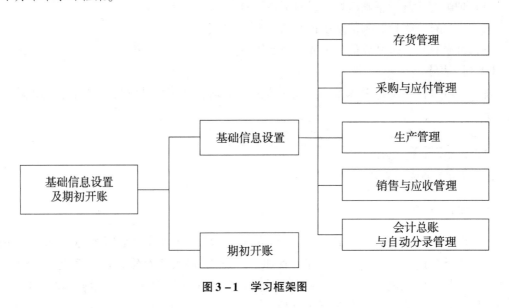

图 3－1　学习框架图

其中，存货管理主要包括库存单据的设置及品号信息的设置；采购与应付管理一般涉及企业采购的半成品或原材料，以及产生的应收账款；生产管理包括设置工单单据性质和录入产品工艺路线等；销售与应收管理包括录入客户信息、设置应收单据性质、设置应收子系统参数及设置订单单据性质等；会计总账与自动分录管理包括设置会计参数及设置会计分录性质。通过基础信息设置可以将企业的相关基础数据录入系统中，再通过期初开账录入各种开账信息并做期末月结，即可完成企业系统初始化的过程。

3.1　存货管理

企业内的存货就是企业在生产经营过程中为销售或耗用而储存的各种有形资产。有效的存货管理能够降低库存成本、提高生产效率、显著提升企业利润等。

3.1.1　实训概述

【实训内容】

在本实训中主要完成以下内容：

2014 - 11 - 30 光华家具公司开始实施 ERP，按照业务搜集的数据对存货管理子系统进行基础数据录入，具体数据资料将在下面的操作中详细介绍。

【实训要求】

完成存货管理子系统中基础数据的设置，包括录入品号类别、录入品号信息和设置库存单据性质等操作。

【实训目的】

（1）理解存货管理基础信息设置的主要目的。

（2）掌握存货管理基础信息设置的基本方法。

（3）理解存货管理基础信息设置的控制作用。

【实训解析】

通过实训内容，在 ERP 系统中实现录入品号类别、录入品号信息、设置库存单据性质等操作。

按照上述解决方案的设计，系统环境设置如下：

时点：2014 - 11 - 30；

操作人员：006 杨科丰（注：DS 也可）。

3.1.2　实训步骤

第 1 步：录入品号类别。登录易飞 ERP 系统，从系统主界面（如图 2 - 3 所示）左边树状结构处选择"进销存管理"→"存货管理子系统"，进入"存货管理子系统"界面，单击"录入品号类别"模块，进入"录入品号类别"界面（如图 3 - 2 所示），单击"新增"按钮，依照表 3 - 1 所示信息依次录入并保存，完成后关闭该界面。

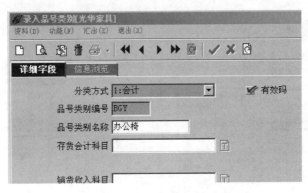

图 3 – 2　"录入品号类别"界面

表 3 – 1　品号类别信息表

分类方式	有效码	品号类别编号	品号类别名称
1：会计	Y	BGY	办公椅
1：会计	Y	DBY	大班椅
1：会计	Y	YCL	原材料

说明：从存货管理子系统的基础数据设置开始，基础信息设置一般由企业自己增设的拥有管理员权限的人员操作。

第 2 步：录入品号信息。同样在"存货管理子系统"界面，单击"录入品号信息"模块，进入"录入品号信息"界面（如图 3 – 3 所示），单击"新增"按钮，依照表 3 – 2 所示信息依次录入品号信息并保存，完成后关闭该界面。

（a）"基本信息1"页签

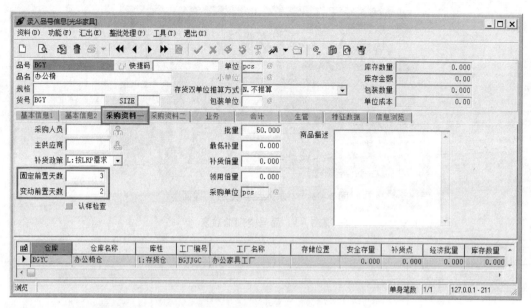

(b)"采购资料一"页签

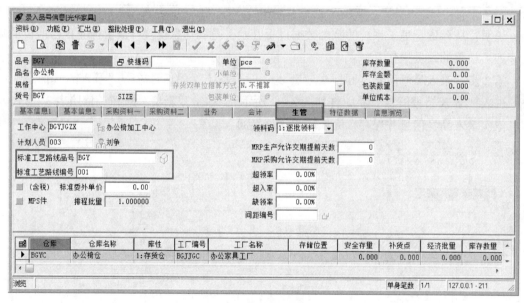

(c)"生管"页签

图 3-3 "设置品号信息"界面

其中，"录入品号信息"中的"主供应商""标准工艺路线品号""标准工艺路线编号"等项目，需要在采购、生产的基础数据设置完成后再进行补充。

表 3 - 2　品号信息表

品号	BD	BGY	DBY	DZ	LS	LZ	ZD	ZZ
品名	背垫	办公椅	大班椅	底座	螺丝零件包	轮子	座垫	中支
单位	pcs	pcs	pcs	pcs	pcs	pcs	pcs	pcs
存货双单位推算方式	N.不推算	N.不推算	N.不推算	N.不推算	N.不推算	N.不推算	N.不推算	N.不推算
品号属性	P:采购件	M:自制件	P:采购件	P:采购件	P:采购件	P:采购件	P:采购件	P:采购件
主供应商	JH(嘉禾)		BZ(标致家具)	JH(嘉禾)	YJ(元技)	YJ(元技)	JH(嘉禾)	YJ(元技)
补货政策	L:按 LRP① 需求	L:按 LRP 需求	N:不需要	L:按 LRP 需求	L:按 LRP 需求	L:按 LRP 需求	L:按 LRP 需求	L:按 LRP 需求
主要仓库	YCLC	BGYC	DBYC	YCLC	YCLC	YCLC	YCLC	YCLC
仓库名称	原材料仓	办公椅仓	大班椅仓	原材料仓	原材料仓	原材料仓	原材料仓	原材料仓
固定前置天数	1	3	3	1	1	1	1	1
变动前置天数	1	2	2	1	1	1	1	1
批量	50	50	50	50	100	200	50	50
排程批量	1	1		1	1	1	1	1
工时底数	1	1		1	1	1	1	1
工作中心		BGYJGZX 办公椅加工中心						
工艺路线		001BGY						
检验方式	0:免检	0:免检	0:免检	0:免检	0:免检	0:免检	0:免检	0:免检
更改品名规格	N	N	N	N	N	N	N	N
批号管理	N:不需要	N:不需要	N:不需要	N:不需要	N:不需要	N:不需要	N:不需要	N:不需要

- "主要仓库"为必填项，在"基本信息 2"页签中录入。

---

① LRP 是批次需求计划(Logistics Resource Planning)的英文缩写。

- 涉及采购信息的项目，如"主供应商""固定前置天数"和"变动前置天数"等，在"采购资料一"页签中录入，如图3-3（b）所示。
- 涉及生产管理信息的项目，如"工作中心""标准工艺路线编号"等，在"生管"页签中录入，如图3-3（c）所示。
- 本实训不涉及"成本管理"，故不设置"会计"页签中各项。
- 本实训要求"生产管理子系统"已经启动，否则"补货政策"无法选择。

说明：前置天数影响"生产管理子系统"的生产排程日期和采购计划的采购交货日期；"标准工艺路线品号"的选择影响"工艺管理子系统"中加工路线；本实训"录入品号信息"中的"主供应商""标准工艺路线品号""标准工艺路线编号"等项，需要在采购、生产的基础数据设置完成之后设置，这一点体现了系统基础数据之间的关联性。

第3步：设置库存单据性质。登录易飞ERP系统，在系统主界面（如图2-3所示）中选择"购销存管理"→"存货管理子系统"，进入"存货管理子系统"界面，单击"设置库存单据性质"模块，进入"设置库存单据性质"界面（如图3-4所示），单击"新增"按钮，依次录入表3-3所示库存单据性质并保存，完成后关闭该界面。

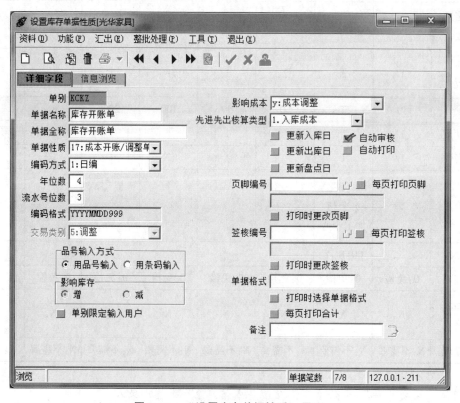

图3-4　"设置库存单据性质"界面

表 3 - 3　库存单据性质表

单别	单据全称	单据性质	编码方式	交易类别	品号输入方式	影响成本
KCKZ 库存开账单	库存开账单	17:成本开账/ 调整单据	1:日编	5:调整	1:用品号输入	y:成本调整
FKD 分库调整单	分库调整单	17:成本开账/ 调整单据	1:日编	5:调整	1:用品号输入	y:成本调整
WCD 尾差调整单	尾差调整单	17:成本开账/ 调整单据	1:日编	5:调整	1:用品号输入	y:成本调整
DBD 调拨单	调拨单	12:库存调拨单据	1:日编	4:调拨	1:用品号输入	N:赋值计算结果
JCD 借出单	借出单	13:借出调拨单据	1:日编	4:调拨	1:用品号输入	N:赋值计算结果
JRD 借入单	借入单	14:借入暂收单据	1:日编	4:调拨	1:用品号输入	N:赋值计算结果
JCGH 借出归还单	借出归还单	15:借出归还单据	1:日编	4:调拨	1:用品号输入	N:赋值计算结果
JRGH 借入归还单	借入归还单	16:借入归还单据	1:日编	4:调拨	1:用品号输入	N:赋值计算结果
TZD 成本调整单	成本调整单	17:成本开账/ 调整单据	1:日编	5:调整	1:用品号输入	y:成本调整
BF 报废单	报废单	18:报废单据	1:日编	5:调整	1:用品号输入	y:成本调整

说明：通过设置库存单据性质，系统定义了库存中几种单据，这些单据在日常运行系统时作为记录、传递信息的载体。其中，"单别"即单据的编码，是系统中的唯一标识，一旦定义不可修改或删除；"自动审核"项如果启动，在该单据录入并保存的同时将进行审核操作，这样设置能够简化流程，但在企业日常运营时一般不启动该项目；"品号输入方式"选项用于选择在日常录入单据时使用的录入方式，本实训一律使用"用品号输入"方式。

3.1.3　实训小结

本节实训完成了存货管理子系统中基础数据的设置，涉及产品的品号类别和品号信息，以及库存管理必要的库存单据的性质等内容。

3.2　采购与应付管理

有效的采购管理能够降低原材料采购成本、显著提升企业利润。应付账款是在企业采购收料后，财务人员根据收料凭证及发票进行记录的款项。

3.2.1　实训概述

【实训内容】

在本实训中主要完成以下内容：

2014-11-30光华家具公司开始按照业务搜集的数据对采购管理子系统及应付管理子系统做基础数据录入，具体数据资料将在下面操作中详细介绍。

【实训要求】

完成采购管理子系统及应付管理子系统的基础数据录入，包括录入供应商信息、补充品号信息、设置采购单据性质、设置应付单据性质和设置应付子系统参数等操作。

【实训目的】

（1）理解采购与应付管理基础信息设置的主要目的。

（2）掌握采购与应付管理基础信息设置的基本方法。

（3）理解采购与应付管理基础信息设置的控制作用。

【实训解析】

通过实训内容，在ERP系统中实现录入供应商信息、补充品号信息、设置采购单据性质、设置应付单据性质及设置应付子系统参数等操作。

按照上述解决方案的设计，系统环境设置如下：

时点：2014-11-30；

操作人员：006杨科丰（注：DS也可）。

3.2.2　实训步骤

第1步：录入供应商信息。登录易飞ERP系统，从系统主界面（如图2-3所示）左边树状结构处选择"进销存管理"→"采购管理子系统"，进入"采购管理子系统"界面，单击"录入供应商信息"模块，进入"录入供应商信息"界面（如图3-5所示），单击"新增"按钮，依照表3-4所示信息依次录入供应商信息并保存，完成后关闭该界面。

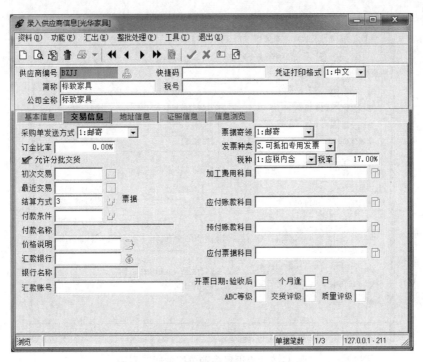

图3-5 "录入供应商信息"界面

表3-4 供应商信息表

供应商编号	简称	公司全称	结算方式	核准状况	允许分批交货
BZJJ	标致家具	标致家具	3：票据	1：已核准	Y
JH	嘉禾	嘉禾加工厂	3：票据	1：已核准	Y
YJ	元技	元技工业公司	3：票据	1：已核准	Y

说明：对供应商的管理，除记录基本信息外，主要通过"ABC等级""交货评级"和"质量评级"这三类等级进行评鉴管理。其中，"ABC等级"依照供应商交易金额大小评定，可通过"供应商ABC分析表"更新此字段。

第2步：补充品号信息。在"存货管理子系统"界面中单击"录入品号信息"模块，进入"录入品号信息"界面，单击"更改"按钮，依照表3-2所示信息录入"主供应商"信息并保存，完成后关闭该界面。

第3步：设置采购单据性质。在"采购管理子系统"界面中单击"设置采购单据性质"模块，进入"设置采购单据性质"界面（如图3-6所示），单击"新增"按钮，依照表3-5所示信息依次设置采购单据性质并保存，完成后关闭该界面。

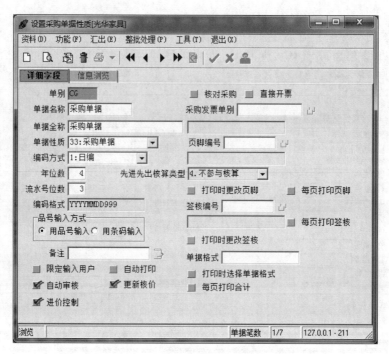

图 3 - 6 "设置采购单据性质"界面

表 3 - 5 采购单据性质表

单别	单据名称	单据全称	编码方式	进价控制	单据性质	品号输入方式	自动审核	更新核价	核对采购	直接开票
CG	采购单	采购单据	1：日编	Y	33：采购单据	用品号输入	Y	Y	N	N
HJD	核价单	核价单	1：日编	N	32：核价单单据	用品号输入	Y	Y	N	N
JH	进货单	进货单	1：日编	Y	34：进货单据	用品号输入	Y	Y	Y	N
JHDJ	进货单	不核对采购进货单	1：日编	Y	34：进货单据	用品号输入	Y	Y	N	N
QGD	请购单	请购单	1：日编	Y	31：请购单据	用品号输入	Y	N	N	N
XJD	询价单	询价单	1：日编	N	36：询价单据	用品号输入	Y	Y	N	N
YTD	验退单	验退单	1：日编	Y	35：退货单据	用品号输入	Y	Y	Y	N

说明：

• 采购单据性质一旦设定，系统中即定义了上述采购单据，在日常操作中用以记录、传递各种采购信息。

• 采购单若由"生产计划系统"的"采购计划发放"抛转，则采购单必须自动编号。

• 选择"核对采购"表示在输入进货单时，需要核对相应的采购单，否则可以直接录入进货单。如果此项被启用，则在录入进货单时需要使用"前置单据"操作。

- 选择"直接开票"表示进货单、退货单审核后直接生成应付凭单。这样在运行"应付管理子系统"的业务流程中，无须"录入应付凭单"即可直接"录入付款单"。

第 4 步：设置应付单据性质。在"应付管理子系统"界面中单击"设置应付单据性质"模块，进入"设置应付单据性质"界面（如图 3-7 所示），单击"新增"按钮，依照表 3-6 所示信息设置应付单据性质并保存，完成后关闭该界面。

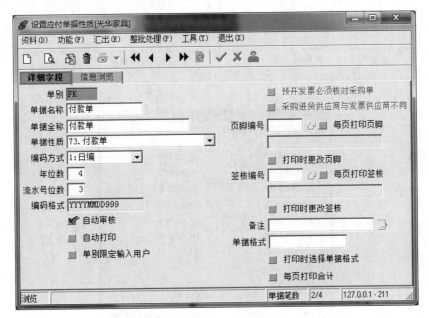

图 3-7　"设置应付单据性质"界面

表 3-6　应付单据性质表

单别	单据名称	单据全称	单据性质	编码方式	自动审核
FK	付款单	付款单	73：付款单	1：日编	Y
THD	调汇单	调汇单	7E：汇差调整单	1：日编	Y
CGFP	采购发票	采购发票	71：采购发票	1：日编	Y
YFK	预付款单	预付款单	7C：预付款单	1：日编	Y

说明：应付单据性质一旦设定，系统中即定义了上述应付单据，在日常操作中用以记录、传递各种应付信息。

第 5 步：设置应付子系统参数。从系统主界面（如图 2-3 所示）左边树状结构处选择"财务管理"→"应付管理子系统"，进入"应付管理子系统"界面，单击"设置应付子系统参数"模块，进入"设置应付子系统参数"界面，依照图 3-8 所示内容设置应付子系统参数，完成后保存并关闭该界面。

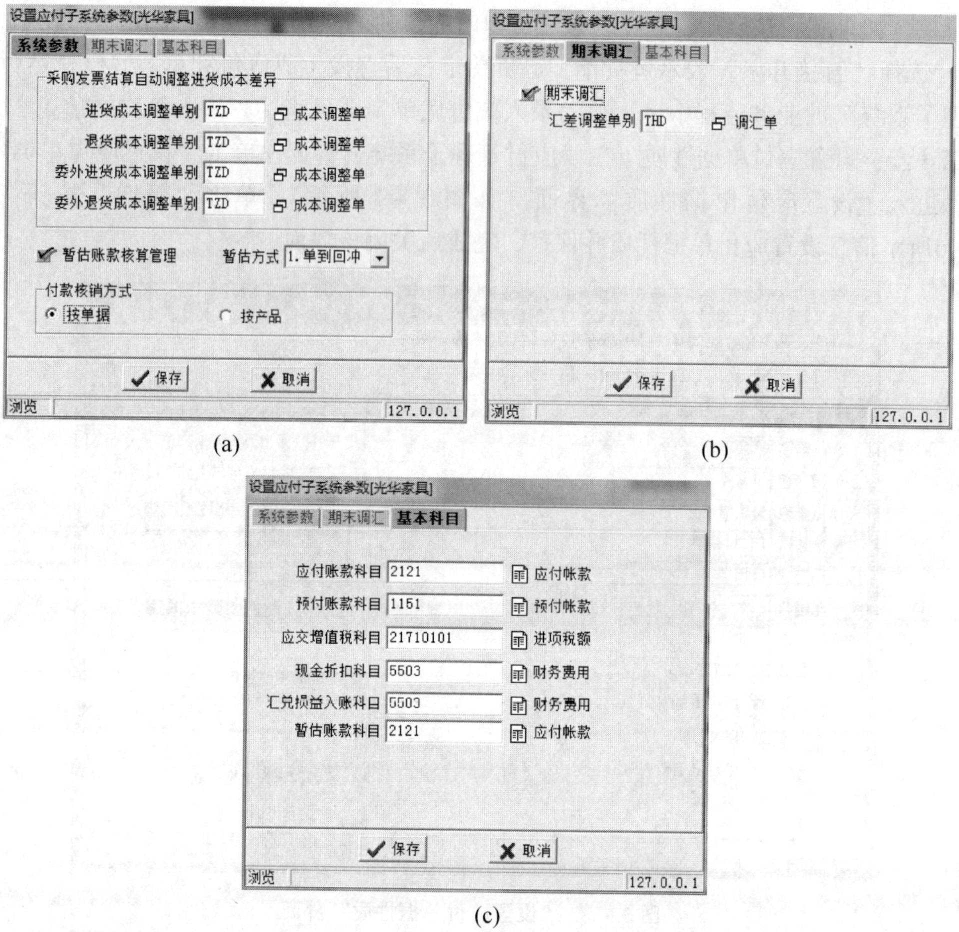

(a)

(b)

(c)

图 3-8 "设置应付子系统参数"界面

3.2.3 实训小结

本节实训完成了采购管理子系统及应付管理子系统的基础数据录入，包括供应商信息、品号信息、采购单据性质、应付单据性质和应付子系统参数等。

3.3 生产管理

生产管理的主要任务是根据市场需求和生产规划，对生产进行合理安排，以满足客户的需要。

3.3.1 实训概述

【实训内容】

在本实训中主要完成以下内容：

2014 - 11 - 30 光华家具公司开始按照业务搜集的数据对生产管理子系统做基础数据录入，具体数据资料将在下面操作中详细介绍。

【实训要求】

完成生产管理子系统基础数据录入，包括设置工单单据性质、录入产品结构、录入产品工艺路线、补充品号信息和设置工艺单据性质等操作。

【实训目的】

（1）理解生产管理基础信息设置的主要目的。

（2）掌握生产管理基础信息设置的基本方法。

（3）理解生产管理基础信息设置的控制作用。

【实训解析】

通过实训内容，在 ERP 系统中实现依据工单单据性质表设置工单单据性质、录入产品结构、依据产品工艺路线表录入产品工艺路线、补充品号信息、依据工艺单据性质表设置工艺单据性质等操作。

按照上述解决方案的设计，系统环境设置如下：

时点：2014 - 11 - 30；

操作人员：006 杨科丰（注：DS 也可）。

3.3.2 实训步骤

第 1 步：设置工单单据性质。登录易飞 ERP 系统，从系统主界面（如图 2 - 3 所示）左边树状结构处选择"生产管理"→"工单/委外子系统"，进入"工单/委外子系统"界面，单击"设置工单单据性质"模块，进入"设置工单单据性质"界面（如图 3 - 9 所示），单击"新增"按钮，依照表 3 - 7 所示信息设置工单单据性质并保存，完成后关闭该界面。

表 3 - 7 工单单据性质表

单别	01	02	03	GD	LL
单据名称	委外单	委外领料	委外进货	工单	厂内领料单
单据性质	51：一般工单	55：委外领料	59：委外进货	51：一般工单	54：厂内领料
工单类别	1：委外			1：厂内	
编码方式	1：日编	1：日编	1：日编	1：日编	1：日编
进价控制	N	N	N	Y	N
自动审核	Y	Y	Y	Y	N
纳入 MRP[①] 计算	Y	N	N	Y	N

---

① MRP 是物料需求计划（Material Requirement Planning）的英文缩写。

续表

单别	01	02	03	GD	LL
更新核价	N	N	N	N	N
核对工单	N：不核对工单	Y：核对工单	Y：核对工单	N：不核对工单	Y：核对工单
控制超领/超退	N：不控制超领/超退	N：不控制超领/超退	N：不控制超领/超退	N：不控制超领/超退	Y：控制超领/超退
直接开票	N	N	Y	N	N
采购发票单别			YF 应付凭单		

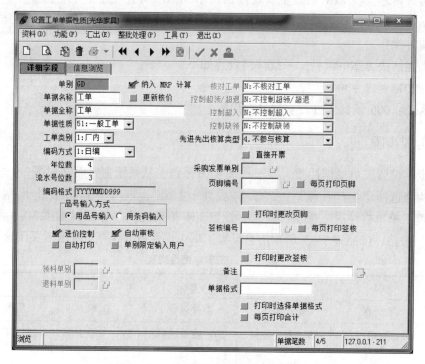

图 3 - 9   "设置工单单据性质"界面

说明：选择"纳入 MRP 计算"表示该性质工单将参与 MRP 计算；选择"更新核价"表示该性质单据将更新委外供应商的价格档案。

第 2 步：录入产品结构。登录易飞 ERP 系统，从系统主界面（如图 2 - 3 所示）左边树状结构处选择"生产管理"→"产品结构子系统"，进入"产品结构子系统"界面，单击"录入 BOM①"模块，进入"录入 BOM"界面，单击"新增"按钮，按图 3 - 10 所示内容

---

① BOM 是物料清单（Bill of Materials）的英文缩写。

录入产品结构，录入完成保存并关闭该界面。

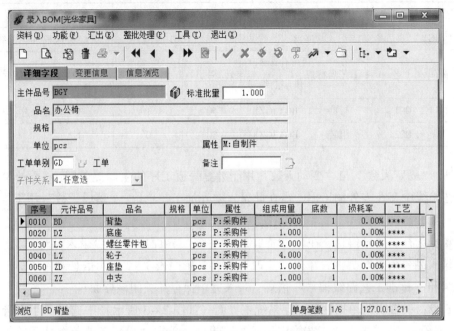

图 3－10　"录入 BOM"界面

第 3 步：录入产品工艺路线。在"产品结构子系统"界面中单击"录入产品工艺路线"模块，进入"录入产品工艺路线"界面（如图 3－11 所示），单击"新增"按钮，依照表 3－8所示信息录入产品工艺路线，录入完成保存并关闭该界面。

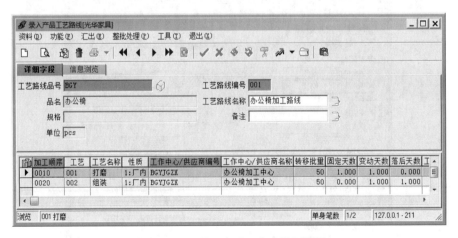

图 3－11　"录入产品工艺路线"界面

表3-8　产品工艺路线表

工艺路线品号		品名		工艺路线编号		工艺路线名称	
BGY		办公椅		001		办公椅加工路线	
加工顺序	工艺	工艺名称	工作中心/供应商编号	转移批量	固定天数	变动天数	落后天数
0010	001	打磨	BGYJGZX	50	1	1	0
0020	002	组装	BGYJGZX	50	0	1	1

说明："固定天数"与"变动天数"用于计算每道工序的生产提前期；"委外单价"表示若工艺路线中存在委外的工序，需在此录入委外加工的单价；"落后天数"用于推算本道工序的开工日。

第4步：补充品号信息。在"存货管理子系统"界面中单击"录入品号信息"模块，进入"录入品号信息"界面，单击"更改"按钮，依照表3-2所示信息录入"标准工艺路线品号"和"标准工艺路线编号"信息，录入完毕保存并关闭该界面。

第5步：设置工艺单据性质。在系统主界面（如图2-3所示）中选择"生产管理"→"工艺管理子系统"，进入"工艺管理子系统"界面，单击"设置工艺单据性质"模块，进入"设置工艺单据性质"界面（如图3-12所示），单击"新增"按钮，依照表3-9所示信息依次设置工艺单据性质并保存，设置完毕关闭该界面。

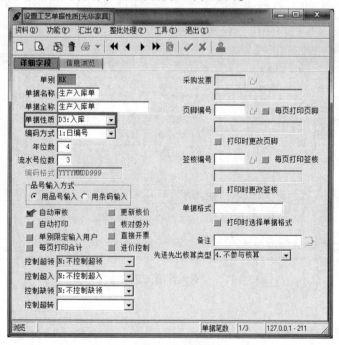

图3-12　"设置工艺单据性质"界面

表 3 – 9　工艺单据性质表

单别	单据名称	单据全称	单据性质	编码方式	品号输入方式	自动审核
RK	生产入库单	生产入库单	D3：入库	1：日编号	用品号输入	Y
TC	生产投产单	生产投产单	D1：投产	1：日编号	用品号输入	Y
ZY	加工转移单	加工转移单	D2：转移	1：日编号	用品号输入	Y

说明：工艺单据性质一旦设定，系统中即定义了上述工艺单据，在日常操作中用以记录、传递各种工艺信息。其中，"投产单"是首道工序开工的标志；"转移单"是不同工序间转移的记录与标志；"入库单"是最后一道工序加工完毕的标志。

3.3.3　实训小结

本节实训完成了生产管理子系统的基础数据录入，包括工单单据性质、产品结构、产品工艺路线、品号信息和工艺单据性质等。

3.4　销售与应收管理

销售管理是从产品的销售计划开始，对其销售产品、销售地区、销售客户等各种信息的管理和统计，并可对销售数量、金额、利润、绩效、客户服务做出全面分析。应收账款是在企业销售产品后，财务人员根据发货凭证及发票进行记录的款项。

3.4.1　实训概述

【实训内容】

在本实训中主要完成以下内容：

2014 – 11 – 30 光华家具公司开始按照业务搜集的数据对销售管理子系统及应收管理子系统做基础数据录入，具体数据见相应的操作步骤。

【实训要求】

完成销售管理子系统和应收管理子系统中基础数据的设置，包括录入客户信息、设置应收单据性质、设置应收子系统参数及设置订单单据性质等操作。

【实训目的】

（1）理解销售与应收管理基础信息设置的主要目的。

（2）掌握销售与应收管理基础信息设置的基本方法。

（3）理解销售与应收管理基础信息设置的控制作用。

【实训解析】

通过实训内容，在 ERP 系统中实现根据实训内容录入客户信息、设置应收单据性质、设置应收子系统参数、设置订单单据性质等操作。

按照上述解决方案的设计，系统环境设置如下：

时点：2014 - 11 - 30；

操作人员：006 杨科丰（注：DS 也可）。

3.4.2　实训步骤

第 1 步：录入客户信息。登录易飞 ERP 系统，从系统主界面（如图 2 - 3 所示）左边树状结构处选择"进销存管理"→"销售管理子系统"，进入"销售管理子系统"界面，单击"录入客户信息"模块，进入"录入客户信息"界面（如图 3 - 13 所示），单击"新增"按钮，依照表 3 - 10 所示信息依次录入客户信息并保存，录入完毕关闭该界面。

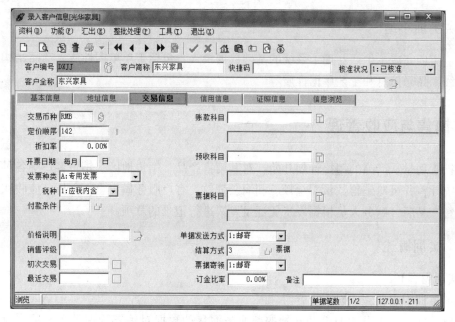

图 3 - 13　"录入客户信息"界面

表 3 - 10　客户信息表

客户编号	客户简称	信用额度控制	客户全称	核准状况	定价顺序
DXJJ	东兴家具	Y：按公司参数控制	东兴家具	1：已核准	142
ZS	中实集团	Y：按公司参数控制	中实集团	1：已核准	142

说明："定价顺序"表示系统中不同类型价格信息的选取顺序；本实训没有进行信用管理。如果该公司对客户进行信用额度控制，则在"信用信息"页签中进行相应设置（参见"4.4 客户信用额度管理"相关内容）。

第 2 步：设置应收单据性质。登录易飞 ERP 系统，从系统主界面（如图 2 - 3 所示）左边树状结构处选择"财务管理"→"应收管理子系统"，进入"应收管理子系统"界面，单击"设置应收单据性质"模块，进入"设置应收单据性质"界面（如图3－14所示），单击"新增"按钮，依次录入表3－11所示应收单据性质并保存，录入完成关闭该界面。

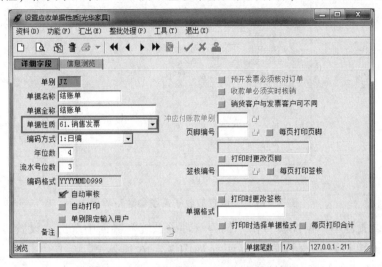

图3－14 "设置应收单据性质"界面

表3－11 应收单据性质表

单别	单据名称	单据全称	单据性质	编码方式
JZ	结账单	结账单	61：销售发票	1：日编
XSFP	销售发票	销售发票	61：销售发票	1：日编
SK	收款单	收款单	63：收款单	1：日编
TH	调汇单	调汇单	6G：汇差调整单	1：日编

第3步：设置应收子系统参数。在"应收管理子系统"界面中单击"设置应收子系统参数"模块，进入"设置应收子系统参数"界面，单击"新增"按钮，依照图3－15所示信息设置应收子系统参数，设置完毕保存并关闭该界面。

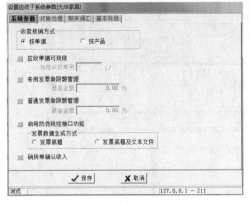
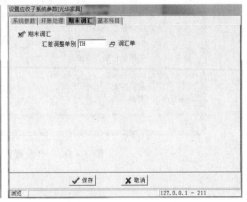

(a)   (b)

55

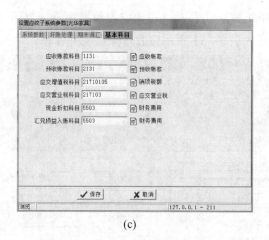

(c)

图 3 – 15   "设置应收子系统参数"界面

第 4 步：设置订单单据性质。在"销售管理子系统"界面中单击"设置订单单据性质"模块，进入"设置订单单据性质"界面（如图 3 – 16 所示），单击"新增"按钮，依照表 3 –12 所示信息设置订单单据性质并保存，设置完毕关闭该界面。

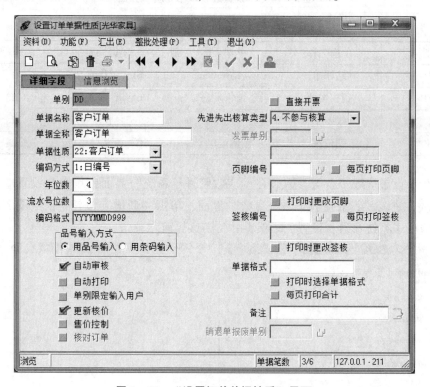

图 3 – 16   "设置订单单据性质"界面

表3-12 订单单据性质表

单别	单据名称	单据全称	单据性质	编码方式	更新核价	售价控制	核对订单	直接开票	发票单别	销退单报废单别
BJ	报价单	报价单	21：报价单	1：日编号	Y	N	N	N		
CHTZ	出货通知单	出货通知单	25：出货通知单	1：日编号	N	Y	Y	N		
DD	客户订单	客户订单	22：客户订单	1：日编号	Y	N	N	N		
X	销退单	销退单	24：销退单	1：日编号	N	Y	Y	Y	JZ（结账单）	BF（报废单）
XH	销货单	销货单	23：销货单	1：日编号	N	N	N	N		
ZJJZ	直接结账	直接结账	23：销货单	1：日编号	Y	N	N	Y	JZ（结账单）	

说明："单据性质"为"销货单""销退单"时，如果选择"直接开票"，那么"发票单别"为必输信息，其需要先在"设置应收单据性质"中录入；"设置订单单据性质"与"设置应收单据性质"的关联进一步体现了系统业务与财务之间的集成性。

3.4.3 实训小结

本节实训完成了销售管理子系统和应收管理子系统中的基础数据设置，包括客户信息、应收单据性质、应收子系统参数及订单单据性质等。

3.5 会计总账与自动分录管理

总账管理是企业ERP运行中财务管理的核心，是企业业务流程中信息的最终归集地。企业业务系统中的自动分录子系统作为业务与财务总账的桥梁，提供了各业务原始单据自动生成总账会计凭证的功能，可使建立会计凭证的工作大量简化。

3.5.1 实训概述

【实训内容】

在本实训中主要完成以下内容：

2014-11-30光华家具公司开始按照业务搜集的数据对会计总账管理子系统做基础数据录入，具体数据见相应的操作步骤。

【实训要求】

完成会计总账管理子系统中的基础数据设置，包括维护会计科目、设置会计单据性质、设置会计参数、设置会计期间、从模板导入会计科目、查询报表格式、设置期间损益结转及设置会计分录性质等操作。

【实训目的】

（1）理解会计总账与自动分录管理基础信息设置的主要目的；

（2）掌握会计总账与自动分录管理基础信息设置的基本方法；

（3）理解会计总账与自动分录管理基础信息设置的控制作用。

【实训解析】

通过实训内容，在ERP系统中实现根据实训内容维护会计科目、设置会计单据性质、设置会计参数、设置会计期间、从模板导入会计科目、查询报表格式、设置期间损益结转及设置会计分录性质等操作。

按照上述解决方案的设计，系统环境设置如下：

时点：2014 – 11 – 30；

操作人员：006 杨科丰（注：DS 也可）。

3.5.2 实训步骤

第1步：维护会计科目。在系统主界面（如图2–3所示）中选择"财务管理"→"会计总账与系统"，在"会计总账子系统"界面中单击"录入会计科目"模块，进入"录入会计科目"界面，系统自带会计科目，可以对其进行增、删、改等操作。本实训默认系统会计科目。

第2步：设置会计单据性质。在"会计总账子系统"界面中单击"设置会计单据性质"模块，进入"设置会计单据性质"界面（如图3–17所示），单击"新增"按钮，依照表3–13所示内容依次设置会计单据性质并保存，设置完毕关闭该界面。

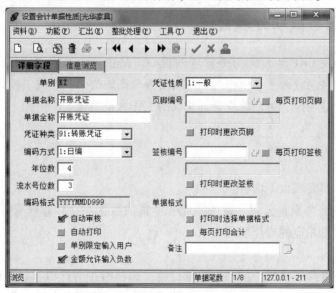

图3–17 "设置会计单据性质"界面

58

表3-13 会计单据性质表

单别	单据名称	凭证种类	编码方式	凭证性质
KZ	开账凭证	91：转账凭证	1：日编	1：一般
ZZ	转账凭证	91：转账凭证	1：日编	1：一般
NJ	年结凭证	91：转账凭证	1：日编	4：结转
YJ	月结凭证	91：转账凭证	1：日编	4：结转
XS	现收凭证	92：现收凭证	1：日编	1：一般
XZ	现支凭证	93：现支凭证	1：日编	1：一般
YH	预提回转	91：转账凭证	1：日编	3：预提回转
YZ	预提转账	91：转账凭证	1：日编	2：预提

第3步：设置会计参数。在"会计总账子系统"界面中单击"设置会计参数"模块，进入"设置会计参数"界面，依照图3-18所示信息设置会计参数，设置完毕保存并关闭该界面。

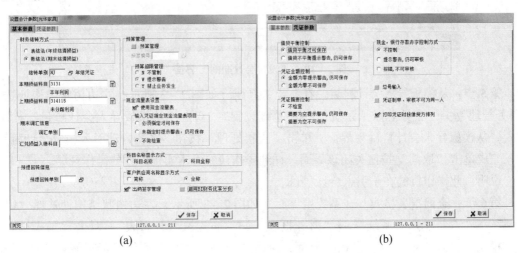

(a)　　　　　(b)

图3-18 "设置会计参数"界面

说明："结转单别""本期损益科目"和"上期损益科目"的设置，作为年度结转损益类科目的归集指向。如果不设置"本期损益科目"，且会计总账月结采用"账结法"，自动转账损益产生的会计凭证将导致数据无法向该科目归集。"财务结转方式"分为两种：表结法和账结法。表结法的期间损益结转通过报表实现，账结法的期间损益结转通过凭证处理。结转方式不同，总账月结流程也不同（具体参见"9.4 账结法与表结法处理"）。

第4步：设置会计期间。在"会计总账子系统"界面中单击"设置会计期间"模块，进入"设置会计期间"界面，单击"新增"按钮，依照图3-19所示信息进行设置，设置完毕关闭该界面。

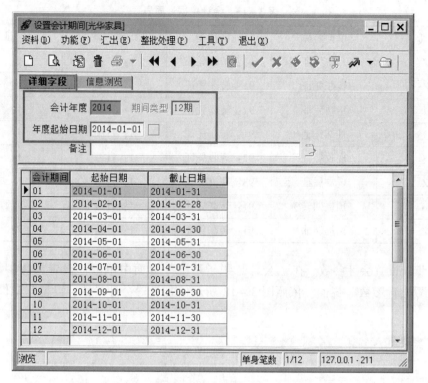

图 3 – 19   "设置会计期间"界面

第 5 步：从模板导入会计科目。在系统主界面（如图 2 – 3 所示）左边树状结构处选择"财务管理"→"会计总账子系统"→"基础设置"，双击"从模板导入会计科目"模块，进入"从模板导入会计科目"界面，单击"直接处理"按钮，系统自动引入相应会计科目，引入完成单击"取消"按钮关闭该界面。详细操作请参看本实训配备的操作录屏。

说明：此操作目的在于引入会计科目。

第 6 步：查询报表格式。在系统主界面（如图 2 – 3 所示）左边树状结构处选择"财务管理"→"会计总账子系统"→"财务报表"→"自定义会计报表"，双击"录入报表格式"模块，进入"录入报表格式"界面，单击"查询"按钮，系统已经设置好 3 张报表，查询完毕关闭该界面。详细操作请参看本实训配备的操作录屏。

说明：此操作目的在于引入财务的三大报表格式。

第 7 步：设置期间损益结转。在"会计总账子系统"界面中单击"期间损益结转设置"模块，进入"期间损益结转设置"界面，依照图 3 – 20 所示信息设置期间损益结转，设置完毕关闭该界面。

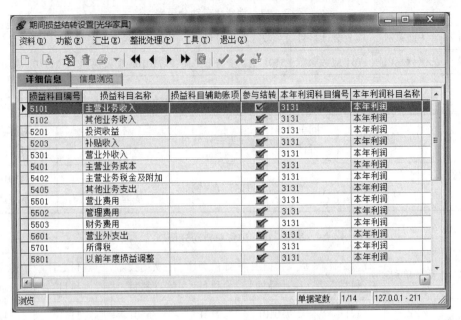

图 3-20　"期间损益结转设置"界面

说明：此操作目的在于设置期间结转损益类科目的归集指向。

第 8 步：设置会计分录性质。在系统主界面（如图 2-3 所示）左边树状结构处选择"财务管理"→"自动分录子系统"，进入"自动分录子系统"界面，单击"设置分录性质"模块，进入相应单据的"设置分录性质"界面（如图 3-21 所示），单击"新增"按钮，依照表 3-14 至表 3-22 所示信息分别设置各种单据的会计分录性质并保存，设置完毕关闭该界面。

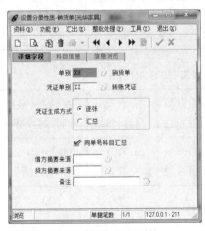

(a)"详细字段"页签　　　　　　　　　(b)"科目信息"页签

图 3-21　"设置分录性质"界面

表 3 – 14　销货单自动分录表

单别	凭证单别	应收会计科目	收入会计科目	应交增值税会计科目	应交营业税会计科目
XH 销货单	ZZ 转账凭证	1131 应收账款	5101 主营业务收入	21710105 销项税额	217103 应交营业税

表 3 – 15　库存成本开账/调整单自动分录表

单别	凭证单别	同单号科目汇总	存货会计科目	对方会计科目 – 借方	对方会计科目 – 贷方
KCKZ 库存开账单	ZZ 转账凭证	Y	1243 库存商品	410101 基本生产成本	410101 基本生产成本

表 3 – 16　进货单自动分录表

单别	凭证单别	存货会计科目	应交增值税会计科目	账款会计科目	费用会计科目	预付会计科目	差异会计科目
JH 进货单	ZZ 转账凭证	1211 原材料	21710101 进项税额	2121 应付账款	5501 营业费用	1151 预付账款	1232 材料成本差异

表 3 – 17　采购发票自动分录表

单别	凭证单别	存货会计科目	应交增值税会计科目	账款会计科目	差异会计科目
CGFP 采购发票	ZZ 转账凭证	1211 原材料	21710101 进项税额	2121 应付账款	1232 材料成本差异

表 3 – 18　付款单自动分录表

单别	单别名称	凭证单别	单别名称	底稿开立方式	同单号科目汇总
FK	付款单	ZZ	转账凭证	1：逐张	Y

表 3 – 19　销售发票自动分录表

单别	凭证单别	应收会计科目	收入会计科目	应交增值税会计科目	应交营业税会计科目	营业税会计科目	主营业务税金及附加会计科目
XSFP 销售发票	ZZ 转账凭证	1131 应收账款	5101 主营业务收入	21710105 销项税额	217103 应交营业税	217103 应交营业税	5402 主营业务税金及附加

表 3 – 20　收款单自动分录表

单别	凭证单别	单别名称	同单号科目汇总	借方摘要来源	贷方摘要来源
SK 收款单	ZZ	转账凭证	Y	76812	76812

表 3 – 21 厂内领料单自动分录表

单别	凭证单别	借方会计科目 – 在产品	借方会计科目 – 制费	贷方会计科目 – 存货	贷方会计科目 – 存货
LL 厂内领料单	ZZ 转账凭证	410101 基本生产成本	4105 制造费用	1211 原材料	1221 包装物

表 3 – 22 生产入库单自动分录表

单别	凭证单别	借方会计科目 – 存货	贷方会计科目 – 在制
RK 生产入库单	ZZ 转账凭证	1243 库存商品	410101 基本生产成本

说明："自动分录"的功能是将业务模块单据自动抛转到会计总账，生成相应的会计凭证。

3.5.3 实训小结

本节实训完成了总账管理子系统中的基础数据设置，包括会计科目、会计单据性质、会计参数、会计期间及会计分录性质等。

3.6 期初开账

系统初始化结束时，需要将企业现有相关基础数据录入数字化企业中，即录入企业的各种开账信息并做期末月结。月结完成后，数字化企业运营正式开始。

3.6.1 实训概述

【实训内容】

在本实训中主要完成以下内容：

2014 – 11 – 30 光华家具公司开始录入公司期初数据，具体公司基础数据将在下面操作中详细介绍。

【实训要求】

录入企业的各种开账信息并做期末月结，主要包括库存期初开账、总账期初开账及期末月结等。

【实训目的】

（1）理解期初开账的意义。

（2）掌握期初开账的设置方法。

【实训解析】

通过实训内容，在 ERP 系统中根据实训内容完成库存期初开账、总账期初开账及期末月结等相关设置。

按照上述解决方案的设计，系统环境设置如下：

时点：2014 – 11 – 30；

操作人员：006 杨科丰（注：DS 也可）。

3.6.2　实训步骤

第1步：录入成本开账/调整单。在系统主界面（如图 2 – 3 所示）左边树状结构处选择"存货管理子系统"→"库存交易"，双击"录入成本开账/调整单"模块，进入"录入成本开账/调整单"界面（如图 3 – 22 所示），单击"新增"按钮，依照表 3 – 23 所示内容录入库存开账信息，录入完毕保存并关闭该界面。

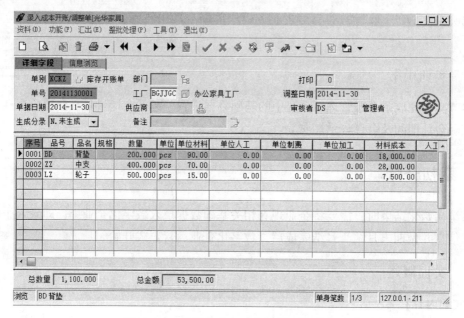

图 3 – 22　"录入成本开账/调整单"界面

表 3 – 23　库存开账信息表

单别	单号	单据日期		
KCKZ	自动生成	2014 – 11 – 30		
品号	品名	数量	单位材料	材料成本
BD	背垫	200	90	18 000
ZZ	中支	400	70	28 000
LZ	轮子	500	15	7 500

说明：

- 凡库存系统所使用的单据，如盘点单、报废单、调拨单、数量调整单等，必须在录入单据性质作业中编设单据代码及相关基础信息，以方便日后输入交易单据。
- 此项一经设置，请勿随意更改。必须更改时，请保持在单一用户状况下更改，交易类别将影响进销存的统计。

第2步：结束期初开账。在系统主界面（如图2-3所示）左边树状结构处选择"会计总账子系统"→"基础设置"，双击"期初开账"模块，进入"期初开账"界面（如图3-23所示），单击"保存"按钮，再单击"结束开账"按钮，然后关闭该界面。

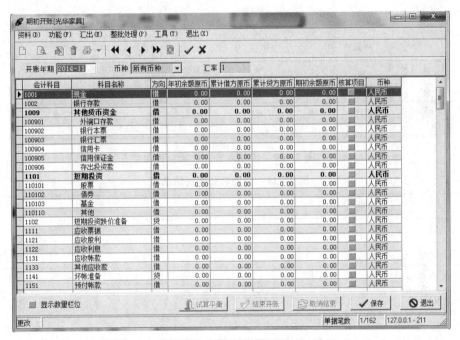

图3-23　"期初开账"界面

第3步：会计总账开账。在"会计总账子系统"界面中单击"录入会计凭证"模块，打开"录入会计凭证"界面（如图3-24所示），单击"新增"按钮，直接将各科目结余以该开账凭证输入、保存（审核）、出纳并做凭证单笔过账（如表3-24所示），完成后关闭该界面。

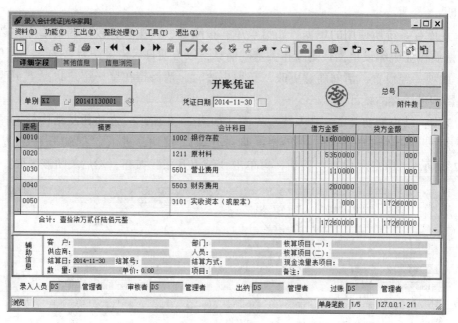

图3-24   "录入会计凭证"界面

表3-24   会计总账开账信息表

单别	财务开账
借：1002 银行存款	116 000
1211 原材料	53 500
5501 营业费用	1 100
5503 财务费用	2 000
贷：3101 实收资本	172 600

此凭证单别仅于此运用一次，以后不必再使用。

第4步：损益结转。

（1）损益结转基本设置。在"会计总账子系统"界面中单击"自动转账"模块，进入"自动转账"界面，如图3-25（a）所示，单击"下一步"按钮，进入"损益结转"界面，如图3-25（b）所示，单击"直接处理"按钮进行处理，完成后单击"取消"按钮关闭该界面。

（2）在"录入会计凭证"中查询生成的会计凭证并过账。其操作步骤类似本实训第3步：在"录入会计凭证"界面中单击"查询"按钮，查询到刚生成的会计凭证（已自动审核），按如图3-25（c）所示顺序单击"过账"按钮并做凭证单笔过账，完成后保存并关闭该界面。

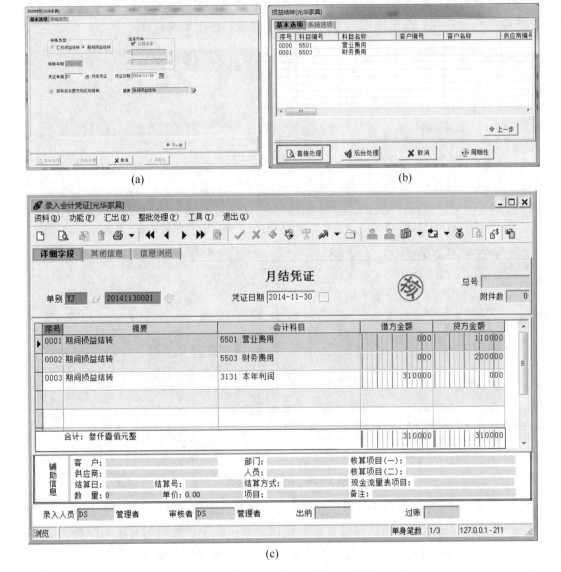

(a)　　　　　　　　　　(b)

(c)

图 3 - 25　损益结转界面

说明：本实训采用的总账结转方式为"账结法"，故在总账月结之前应进行自动结转→损益结转。

第 5 步：期末结账。

（1）存货月结。在"存货管理子系统"中单击"月底存货结转"模块，进入"月底存货结转"界面，按图 3 - 26（a）所示操作，完成后单击"取消"按钮关闭该界面。

（2）应收/应付月结。分别在"应收管理子系统"和"应付管理子系统"中单击"应收账款月结"和"应付账款月结"模块，进入"应收账款月结"和"应付账款月结"界面，按图 3 - 26（b）和图 3 - 26（c）所示操作，完成后单击"取消"按钮关闭该界面。

（3）总账月结。在"会计总账子系统"中单击"会计月结"模块，进入"会计月结"界面，按图3-26（d）所示操作，完成后单击"取消"按钮关闭该界面。

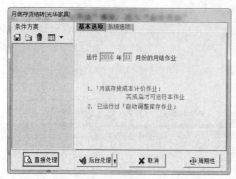
(a)"月底存货结转"界面

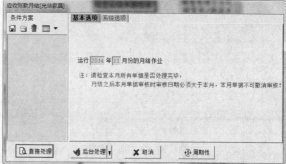
(b)"应收账款月结"界面

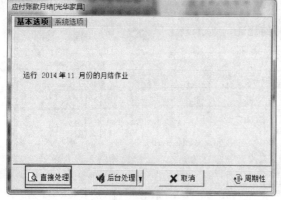
(c)"应付账款月结"界面

(d)"会计月结"界面

图3-26　期末结账界面

说明：本实训介绍的开账不涉及应收、应付、采购、销售及生产子系统的开账。其操作目的在于将1月底的期末余额结转成2月的期初余额；由于存货期初开账不涉及"成本来源""成本赋予"的单据，故"月底成本计价""自动调整库存"无须操作。

3.6.3　实训小结

本节实训完成了企业各种开账信息的录入并做期末月结，主要包括库存期初开账、总账期初开账及期末月结。

本章小结

本章实训完成了各业务子系统的基础数据设置和期初开账，即完成了数字化企业的构建过程。通过此次实训能够体会到基础信息设置与业务流程紧密的关联性，以及ERP系统严密的逻辑关系，进一步认识企业管理中基础运行规则对系统日常业务的影响。

应该注意的是：

1. 设置该公司的基础数据，完成各业务模块基础数据的设置。

2. 在搭建完企业框架之后，进行企业期初开账，即期初数据的录入，进而完成整个系统的初始化，即数字化企业搭建完毕。

在各项设置中，不同的数据设置方式体现不同企业的不同运营流程。初始化数据设置完成后即可进行总账结账处理，将会计年月过渡到下一个会计月份，如此便可开始启用本系统进行日常操作。

思考与练习

1. 本实训中"录入品号信息"的"补货政策"为"按 LRP 需求"，如果采用其他补货政策，观察该设置对生产计划及采购计划的影响。

2. 请于基本信息子系统中启用出货通知管理，然后观察销售模块日常业务处理的区别。

3. 请在各子系统单据性质的设置中，尝试启用核对前置单据，例如在工单单据性质中对生产入库单选择核对工单，观察处理后的系统显示。

4. 创建某集团性质企业的公司账套。

实训 4   销售流程

学习内容

销售部门是企业最直接的效益实现者。本实训共设置4个专项功能实训：客户及客户价格管理、销售预测与客户订单管理、销/退货管理和客户信用额度管理。销售管理的主要职能有：进行市场一线价格信息收集、通过市场调研进行年度销售预测、建立各级客户资料档案并进行信用额度管理、管理并督导营销中心业务运作、催收或结算货款等。

学习目标

1. 了解销售管理的主要任务、相关业务流程及日常操作方法。
2. 理解并掌握客户管理的目的及客户价格管理的处理流程。
3. 掌握销售预测与客户订单管理的处理流程。
4. 掌握销售预测与客户订单之间的关联。
5. 掌握销货管理的业务处理流程。
6. 理解并掌握客户信用额度管理的目的及业务处理流程。

学习框架

销售流程是指目标客户产生销售机会，销售人员针对销售机会进行销售活动并产生结果的过程，是整个企业经营流程的一个部分。销售流程的主要内容包括客户及客户价格管理、销售预测与客户订单管理、销/退货管理及客户信用额度管理。如图4-1所示为本章学习框架。

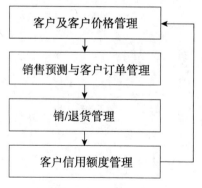

图4-1   学习框架图

客户及客户价格管理包括客户信息维护及客户报价单管理；销售预测与客户订单管理是企业通过以往的经营情况和对市场的分析做出销售预测，根据实际销售情况录入客户订单的管理方式；销/退货管理包括为企业备货、销货，以及对客户验收不合格产品的退换货管理；客户信用额度管理是通过与客户的业务来往来调整客户的信用额度的管理方式。

4.1　客户及客户价格管理

当企业往来业务的客户繁多时，客户资源的管理显得非常重要。

4.1.1　实训概述

【实训内容】

在本实训中主要完成以下内容：

2014 - 12 - 4 光华家具公司接到中实集团对办公椅的询价电话，蔡春在电话中将单价 700 元/把，超过 50 把单价降为 600 元/把的价格报给对方，并将报价信息记录到 ERP 系统中。当天，蔡春报出的价格得到客户中实集团的认可。

【实训要求】

完成录入客户信息、录入客户商品价格、录入报价单并修改报价单等操作。

【实训目的】

(1) 理解企业客户管理的意义。

(2) 掌握客户管理的日常处理方法。

(3) 理解客户价格管理的意义。

(4) 掌握客户价格管理及调价的日常处理方法。

【实训解析】

通过实训内容，在 ERP 系统中实现如下操作：

(1) 蔡春接到中实集团的询价电话后，查询售价信息。

(2) 依据查到的售价信息向客户中实集团报价，并将报价信息录入报价单，针对不同销售数量的单价分别记录到分量计价档案中。

(3) 蔡春对录入的报价单进行保存及审核。

(4) 蔡春收到客户中实集团的单价认可后，在"录入报价单"模块中登记"客户确认"。

由此设计操作步骤：查询客户信息、录入报价单、审核报价单。

按照上述解决方案的设计，系统环境设置如下：

时点：2014 - 12 - 4；

操作人员：001 蔡春。

4.1.2　实训步骤

第 1 步：进入销售管理子系统。在如图 2 - 2 所示界面，以 001 账号登录易飞 ERP 系统，在系统主界面（如图 2 - 3 所示）中选择"进销存管理"→"销售管理子系统"，进入

"销售管理子系统"界面，如图4-2所示（图中数字所示为本实训操作顺序）。

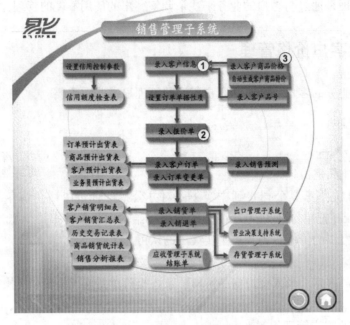

图4-2　"销售管理子系统"界面

第2步：查询客户信息。在"销售管理子系统"中单击"录入客户信息"模块，进入"录入客户信息"界面（如图4-3所示），在"交易信息"页签下对客户中实集团进行销售价格的定价设置，完成后单击"确定"按钮✔并关闭该界面。

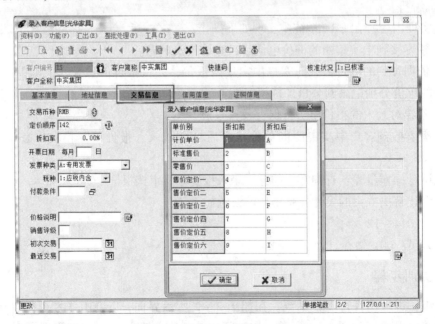

图4-3　"录入客户信息"界面

说明："定价顺序"表示系统中录入报价单和客户订单时销售单价的默认取价顺序。本实训采用的系统默认的取价顺序是142，即在录入报价单、客户订单等单据时，单据上的单价会优先选取客户商品价格，如果此价格不存在，系统会顺序选取"售价定价一"和"标准售价"。当然，取价顺序是根据具体的业务需要而自行定义的。客户商品价格为"销售管理子系统"的"录入客户商品价格"单据中的价格，如图4-4所示；"标准售价""零售价"，以及"售价定价一"至"售价定价六"是在"存货管理子系统"的"录入品号信息"中设置的价格，如图4-5所示。

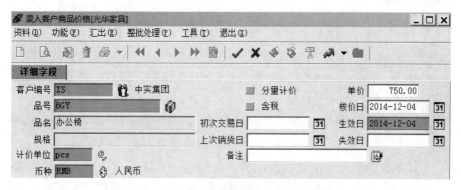

图4-4 "录入客户商品价格"界面

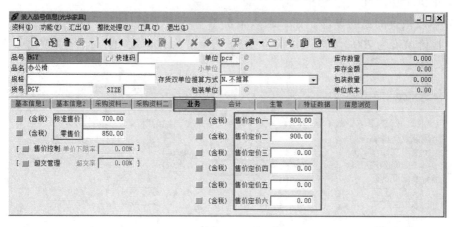

图4-5 "录入品号信息"界面

第3步：录入报价单。

（1）录入报价的商品信息。在"销售管理子系统"中单击"录入报价单"模块，进入"录入报价单"界面，按图4-6所示内容进行相关操作。

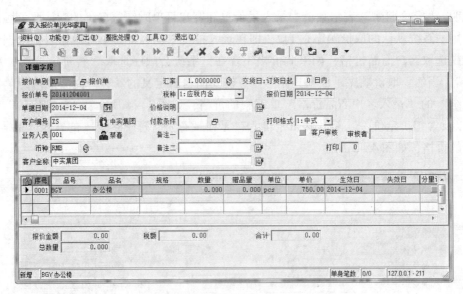

图4-6 "录入报价单"界面1

说明：在该单据中录入了报价的商品为办公椅后，系统会自动代入单价为750元/把。因为在"中实集团"这家客户的信息中，设置取价顺序为142，所以优先抓取"客户商品价格"中的单价750元/把。

（2）修改报价商品的单价。在"录入报价单"界面，依照图4-7所示内容进行操作。修改此次报价单价为700元/把，并且超过50把单价为600元/把，保存后对此张报价单进行审核。

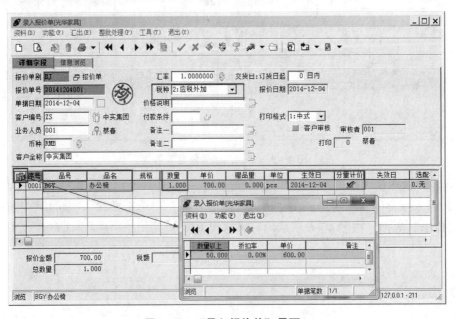

图4-7 "录入报价单"界面2

　　本实训中由于中实集团购买的商品数量不同，单价也不同。在这种情况下，需要勾选"分量计价"，并在"分量计价"界面录入不同数量对应的单价信息。

　　说明：凡是报价时随着商品的数量不同价格也不同的状况，均采用"分量计价"管理，对此易飞 ERP 系统提供相应的管理功能。

　　第4步：客户审核报价单。蔡春报出的价格得到客户中实集团的认可，他需要将客户返回的确认信息记录到"录入报价单"中。再次进入"录入报价单"界面，依照图 4 - 8 所示内容进行确认操作。

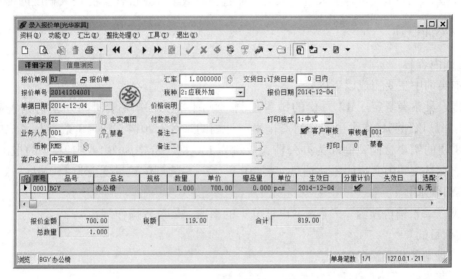

图 4 - 8　"录入报价单"界面 3

　　说明：客户审核报价单不同于单据审核的操作和意义。单据审核为企业内部对报价信息的确认，而客户审核用于客户确认此报价信息。在客户审核和单据审核同时完成后，该报价单中的单价被记录到客户商品价格中，以备下一次取价；审核过的报价单如果没有做客户审核，单据上的单价不会被记录到"录入客户商品价格"模块中，同时这张报价单也不能成为后续销售订单的前置单据。

　　第5步：查询"录入客户商品价格"。在"销售管理子系统"中单击"录入客户商品价格"模块，进入"录入客户商品价格"界面进行查询，即可看到报价单上的单价信息已被同步记录到客户商品价格中。读者可参看本教程配备的操作录屏或自行操作。

4.1.3　实训小结

　　本实训完成了对中实集团的客户信息和价格管理。客户价格管理的逻辑为：如果销售单据设置了"更新核价"，按照客户信息制定的取价顺序（如 142），在销售单据中可自动代入历史单价，再经过销售单据的审核（报价单需要双方审核），将该价格作为最新的历史价格；如果销售单据未设置"更新核价"，那么单据中的价格无法被记录到客户商品价格档案中。

4.2　销售预测与客户订单管理

　　企业每年或每月会对商品生产计划进行销售预测，生产的销售预测可作为将来生产计划系统中 MRP 和 LRP 的需求来源。在易飞 ERP 系统中，通过"录入销售预测"模块实现销售预测的管理。

　　在企业处理销售订单时，可以通过订单管理环节了解如何控制出货的进度，解决各种查询、统计报表等工作，节省了大量的人力，而且在时效上及正确性上有很大程度的提升。

4.2.1　实训概述

　　【实训内容】

　　在本实训中主要完成以下内容：

　　销售人员蔡春制定了 12 月份的销售预测，预测对客户中实集团的办公椅销售数量为 200 把，并且该预测将作为生产部门安排生产计划的来源。2014 - 12 - 8 蔡春与客户中实集团签订了新的销售合同，商品为办公椅，数量为 100 把，价格为 2014 - 12 - 4 的报出价格。之后，蔡春又接到中实集团紧急消息，将 2014 - 12 - 8 的订单数量变更为 150 把。

　　【实训要求】

　　完成"录入销售预测""录入客户订单"的新增、修改等操作。

　　【实训目的】

　　(1) 理解销售预测的意义。

　　(2) 掌握销售预测的日常处理流程。

　　(3) 理解客户订单管理的意义。

　　(4) 掌握客户订单管理的日常处理流程。

　　(5) 掌握销售预测与客户订单管理之间的关联。

　　【实训解析】

　　通过实训内容，在 ERP 系统中实现如下操作：

　　(1) 蔡春制定销售预测，将预测信息录入销售预测，并将该预测纳入生产计划。

　　(2) 蔡春与客户签订销售合同，将合同内容录入客户订单。

　　(3) 蔡春接到订单变更信息，将变动内容录入订单变更单。

　　由此设计操作步骤：录入销售预测、录入客户订单、录入订单变更单。

　　按照上述解决方案的设计，系统环境设置如下：

　　时点：2014 - 12 - 8；

　　操作人员：001 蔡春。

4.2.2　实训步骤

　　第 1 步：进入销售管理子系统。以 001 账号登录易飞 ERP 系统，在系统主界面（如

图 2 - 3 所示）中选择"进销存管理"→"销售管理子系统"，进入"销售管理子系统"界面，如图 4 - 9 所示（图中数字所示为本实训操作顺序）。

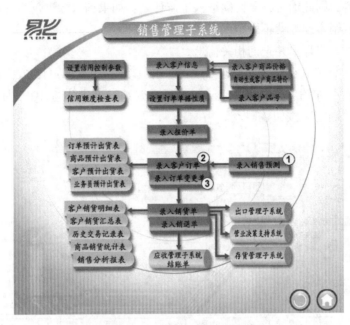

图 4 - 9 "销售管理子系统"界面

第 2 步：查询 12 月份销售预测。蔡春登录系统后，在"销售管理子系统"中单击"录入销售预测"模块，进入"录入销售预测"界面，单击"查询"按钮即可查询销售预测信息，如图 4 - 10 所示。

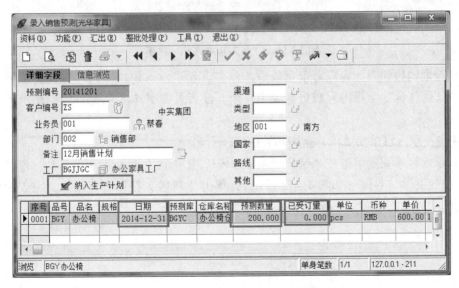

图 4 - 10 "录入销售预测"界面

说明：选择"纳入生产计划"表示本销售预测信息为物料需求计划或批次需求计划的需求来源。如果企业的采购计划及生产计划在没有接到订单时，就需要先以销售预测排定生产工单和采购备料，则此销售预测便须纳入生产计划；如果销售预测仅为管理销售实绩与预测的达成率，则该销售预测就不可纳入生产计划。

第3步：录入客户订单并查询相关信息。

（1）录入客户订单。在"销售管理子系统"中单击"录入客户订单"模块，进入"录入客户订单"界面（如图4-11所示），在"预测编号"开窗中选中12月份的销售预测，填制完成后单击"确定"按钮✔。

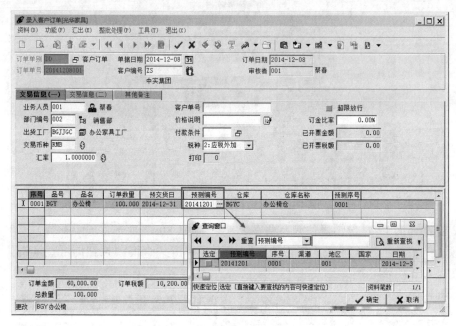

图4-11 "录入客户订单"界面

（2）查询销售预测。客户订单审核后，再次进入"录入销售预测"界面，即可查看到单身中"已受订量"字段内容被更新成100个。读者可参看本实训配备的操作录屏或自行操作。

第4步：录入订单变更单并查询相关信息。

（1）录入订单变更单。在"销售管理子系统"中单击"录入订单变更单"模块，进入"录入订单变更单"界面（如图4-12所示），单击"新增"按钮进行录入，完成后单击保存按钮✔。

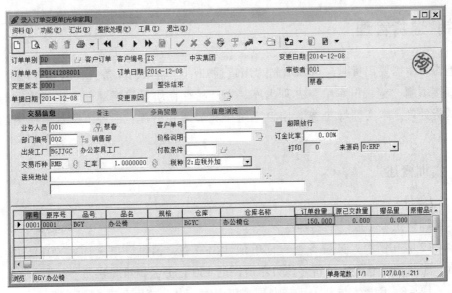

图 4 – 12   "录入订单变更单"界面

说明：当已经审核的客户订单出现变更的需求时，欲保留变更前后的原始信息，则应利用"录入订单变更单"来变更原始订单。每做一次订单变更，系统将进行一次"变更序号"的管理，序号从 0001 开始由系统自行累加。

另外，并不是所有订单都可进行变更操作。例如订单已经结束、已经有了后续的交货行为，仍要变更客户或受订品号等信息，这些不合理的变更行为将受到系统的控制，不允许订单变更信息的输入。

（2）查询原订单、销售预测。再次从"销售管理子系统"分别进入"录入销售预测"和"录入客户订单"界面，订单上的"产品数量"、销售预测的"已受订量"均被同步更新为 150 把。读者可参看本实训配备的操作录屏或自行操作。

4.2.3   实训小结

本实训完成了对中实集团的销售预测和订单管理。

（1）销售预测是对客户未来交易数量、金额的预估和计划，可以作为生产计划的来源；也可同实际发生的客户订单对比进行销售达成分析。

（2）客户订单的管理可以对已审核的订单进行变更处理，通过"录入订单变更单"来实现，并且变更顺序要遵循版号的管理。

（3）销售预测中的"已受订量"为已发生客户订单的销售量，该信息会在客户订单审核的同时更新销售预测。

4.3 销/退货管理

当销售订单需要出货时，可以填制"出货通知单"通知仓库备货，然后办理销售出库，也可以直接填制"销售出库单"办理出库。当产品存在质量等问题而有销货退回时，需进行销售退货处理。本实训将在易飞 ERP 系统中完成通知出货、销售出库及销售退回等环节的处理。

4.3.1 实训概述

【实训内容】

在本实训中主要完成以下内容：

2014 – 12 – 30 销售人员蔡春查看订单预计出货表，销售订单"DD – 20141208001"在预计出货，于是通知仓管人员备好该订单所需的 150 把办公椅准备出货。

2014 – 12 – 31 仓管人员刘争正式办理销售出库，办公椅库存减少 150 把。

2014 – 12 – 31 客户中实集团因为质量问题要求退货 10 把。

【实训要求】

完成客户订单的通知备货、销售出货、销售退回等操作。

【实训目的】

（1）理解销货管理的意义。

（2）掌握销货出库的日常处理流程。

（3）掌握销货退回的日常处理流程。

【实训解析】

通过实训内容，在 ERP 系统中实现如下操作：

（1）蔡春欲了解订单预计出货状况，查看订单预计出货表。

（2）蔡春通知仓管人员刘争备货，需录入出货通知单。

（3）仓管人员刘争办理销售出库，需录入销货单。

（4）仓管人员刘争办理销售退回，需录入销退单。

由此设计操作步骤：查询订单预计出货表、录入出货通知单、录入销货单、录入销退单。

按照上述解决方案的设计，系统环境设置如下：

时点：2014 – 12 – 30；

操作人员：001 蔡春。

4.3.2 实训步骤

第1步：进入销售管理子系统。以 001 账号登录易飞 ERP 系统，在系统主界面（如

图 2 – 3 所示）中选择"进销存管理"→"销售管理子系统"，进入"销售管理子系统"界面，如图 4 – 13 所示（图中数字所示为本实训操作顺序）。

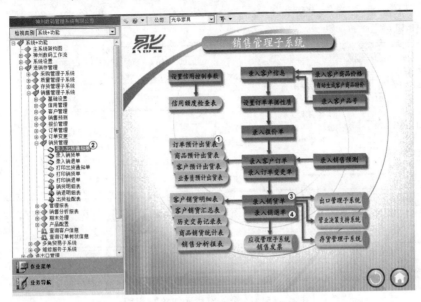

图 4 – 13 "销售管理子系统"界面

第 2 步：查询"订单预计出货表"。蔡春登录系统后，在"销售管理子系统"中单击"订单预计出货表"模块，进入"订单预计出货表"界面（如图 4 – 14 所示）进行查询。

光华家具
订单预计出货表
〈未结束〉

分组面板:可以拖动列标题到这儿来实现按此列分组

客户简称	品 号	品 名	规 格	订单数量	已交数量	未交数量	币种	汇率	单 价	订单金额	未交金额	部 门	业务员	订单单号	客
中实集团	BGY	办公椅		150.00	0.00	150.00	RMB	1.00	600.00	90,000.00	90,000.00	销售部	蔡春	DD -20141208001-0001	
		小计	1笔	150.00	0.00	150.00		0.00	0.00	90,000.00	90,000.00				
		合计	1笔	150.00	0.00	150.00		0.00	0.00	90,000.00	90,000.00				

图 4 – 14 "订单预计出货表"界面

说明：如果希望了解客户的订单预计出货状况，可以查看"客户预计出货表"或"订单预计出货表"；如果希望了解各商品的订单预计出货状况，可以查看"商品预计出货表"；如果希望了解业务员的订单预计出货状况，可以查看"业务员预计出货明细表"。以上报表均可以作为销售订单执行的跟催依据。

第 3 步：录入出货通知单。从系统主界面（如图 2 – 3 所示）左边树状结构处选择"进销存管理"→"销售管理子系统"→"销货管理"，双击"录入出货通知单"模块，进入"录入出货通知单"界面（如图 4 – 15 所示）进行新增操作。

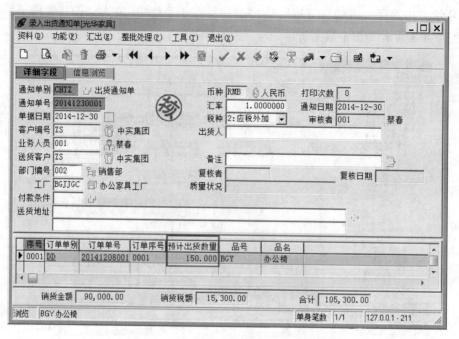

图4-15 "录入出货通知单"界面

说明：出货通知单只具有通知效用，并不会减少库存数量。

第4步：录入销货单并查询相关信息。

（1）更换用户。以003账号（库管员刘争）、选择"光华家具"，重新登录系统。

（2）录入销货单。在"销售管理子系统"中单击"录入销货单"模块，进入"录入销货单"界面，进行新增销货单的操作并审核出库，如图4-16（a）所示；也可通过复制出货通知单内容完成销货单的录入，如图4-16（b）所示。

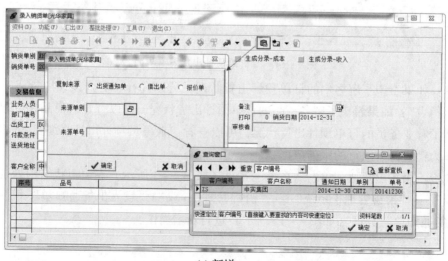

(a)新增

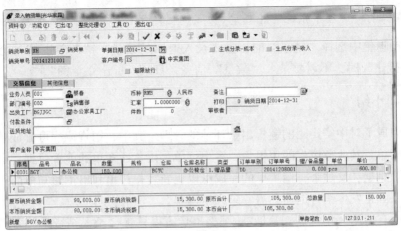

(b) 完成

图 4-16　"录入销货单"界面

"录入销货单"菜单栏的 按钮为"复制前置单据",销货单可复制出货通知单的内
容,简化单据的输入。在销货单上也同时记录了"订单单号""出货通知单单号",
完整记录了业务流在系统内的连贯性。

(3) 查看出货通知单。再次从"销货管理"模块中进入"录入出货通知单"界面,查
询出货通知单的更新信息,此时办公椅的实际出货数量更新为 150 把。读者可参看本实训配
备的操作录屏或自行操作。

(4) 查看原订单。订单状态更新为"已结束","已交数量"更新为 150,在"录入客
户订单"界面可对前述信息进行查询。读者可参看本实训配备的操作录屏或自行操作。

第 5 步:录入销退单。在"销售管理子系统"中单击"录入销退单"模块,进入"录
入销退单"界面(如图 4-17 所示),进行新增销退单的操作并审核。

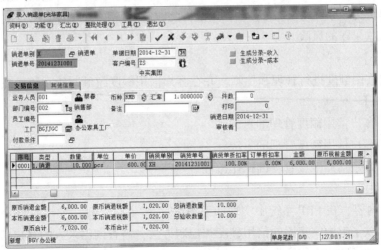

图 4-17　"录入销退单"界面

➡ 请在"存货管理子系统"中查询"库存明细表""库存明细账"，观察库存的变化。

说明：销退单中选择"销退"时，需要录入退回的数量，销退单审核时会增加库存数量；选择"折让"时，不需要录入"数量"信息，只录入折让"金额"。

4.3.3　实训小结

本实训完成了对中实集团的销售出货环节的管理。其中，销货流程可分成录入出货通知单和录入销货单。其业务流程的逻辑为：客户订单是出货通知单的前置单据，出货通知单是销货单的前置单据；反过来，销货单的完成可以更新客户订单和出货通知单的实际出货信息和订单状态。如果发生销售退回，需要录入销退单。

若系统没有启用"出货通知管理"，那么出货流程只有"录入销货单"步骤，如《ERP原理与应用（第2版）》教材中"第7章 综合实验"所述销售出库流程。

4.4　客户信用额度管理

通过计算机获取信息的即时性和便利性可以改善信息取得困难及不尽完整的瓶颈。利用客户的账款信息、订单信息、出货信息来判断信用额度状况，这些都是通过销售管理子系统的信用额度管理实现的。

4.4.1　实训概述

【实训内容】

在本实训中主要完成以下内容：

中实集团的信用额度为 200 000 元。截至 2014 - 12 - 31，中实集团的应收账款为105 300 元，信用可用额度为 94 700 元。2014 - 12 - 31 销售人员蔡春再次接到中实集团的订单，办公椅单价为 600 元/把，数量为 200 把，此时超过了该用户的信用额度，该订单可能会加大应收账款呆账的风险。

【实训要求】

对客户的信用额度进行管理和控制，并在客户信用额度超额时给予警示或终止交易。

【实训目的】

（1）理解客户信用额度管理的目的。

（2）掌握客户信用额度管理的方法。

（3）掌握客户信用额度管理的操作流程。

【实训解析】

通过实训内容，在 ERP 系统中实现如下操作：

（1）蔡春欲了解中实集团的信用额度和控制方法，需查询已录入的客户信息。

（2）蔡春欲了解中实集团目前的信用余度，需查询信用额度检查表。

（3）蔡春接到客户订单，需执行"录入客户订单"，系统根据订单金额判断该客户是否超出信用额度。

由此设计操作步骤：查询客户信息、查看信用额度检查表、录入客户订单。

按照上述解决方案的设计，系统环境设置如下：

时点：2014 – 12 – 31；

操作人员：001 蔡春。

4.4.2   实训步骤

第 1 步：查询客户信息。在"销售管理子系统"中单击"录入客户信息"模块，进入"录入客户信息"界面进行相关信息的查询，如图 4 – 18 所示。

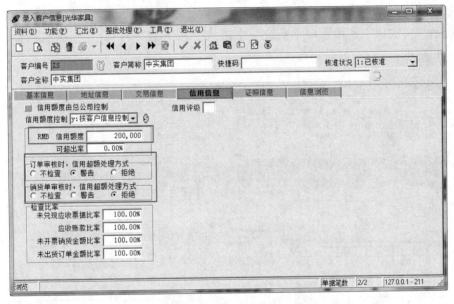

图 4 – 18   "录入客户信息"界面

经过上述操作，查看客户中实集团的信用额度设置。其中，信用额度是 200 000 元，对其进行了超过额度的订单会警告提示，销货单会拒绝执行等设置。

说明：信用额度控制分别按照三种不同的控制方式进行。读者可参看本教程配备的操作录屏详细了解。

第 2 步：查看信用额度检查表。了解到客户中实集团的信用余额为 94 700 元。在"销售管理子系统"中单击"信用额度检查表"模块，进入"信用额度检查表"界面，如图 4 –19所示。

信用额度检查表

分组面板:可以拖动列标题到这儿来实现按此列分组

客户编号	客户简称	应收票据	应收账款	销货金额	订货金额	应收合计	信用额度	信用可超出额	信用余额	预收款
ZS	中实集团	0.00	0.00	98,280.00	7,020.00	105,300.00	200,000.00	200,000.00	94,700.00	0.00

图 4 – 19 "信用额度检查表"界面

说明：如果发生相关业务，超出"信用余额"时系统会报警或拒绝。

第3步：录入客户订单。再次接到中实集团订单，办公椅单价为600元/把，数量为200把，此时超过了信用额度，该订单可能会加大应收账款呆账的风险。系统判断到此状况，自动给予警告提示。再次从"销售管理子系统"中进入"录入客户订单"界面，进行新增操作，如图4 – 20所示。

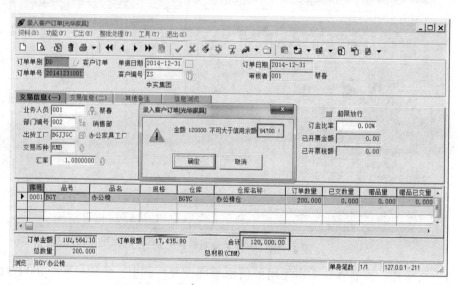

图 4 – 20 "录入客户订单"界面

说明：由于在中实集团的信用额度控制中对订单超额设置的是警告控制，那么此张单据警告后仍可以进行审核。如果控制方式为拒绝，则此张单只可保存不可以审核。

4.4.3 实训小结

本实训完成了对中实集团的客户信用额度的管理。客户信用额度管理的前提是设置客户的信用额度和控制方法。

日常业务中，系统会根据客户的应收账款、应收票据、未出货订单金额和未结账销货金额等状况，计算客户的信用余额，同时判断在新发生销售业务时是否超出信用额度，继而采取禁止或者警告的措施。

本章小结

本章实训在"销售管理子系统"中模拟了几个销售业务处理过程，涉及客户及客户价格管理、销售预测与客户订单管理、销/退货管理及客户信用额度管理。

需要重点注意的是：

1. 销售预测与客户订单的关联：销售预测中的"已受订量"为已发生客户订单的销售量，该信息会在客户订单审核的同时更新销售预测。

2. 客户信用额度管理的意义：针对客户设置信用额度和控制方式，系统便可根据客户的业务和账款状况判断其信用额度是否超出，继而采取相应的控制方式。

思考与练习

1. 如果销售订单中不核对销售预测，会给后续业务带来什么影响？

2. 信用额度控制的参数中，未兑现应收票据、应收账款、未结账销货金额、未出货订单金额的检验比例等各有什么作用呢？

3. 如果销售价格使用标准单价制，即客户订单、销货单上的单价可以自动代入相对固定的标准单价，那么报价单、客户订单、销货单的单据性质该如何规划？

4. 发生销货质量问题，货物不再退回，而是做扣款处理，在销售系统中该如何处理？

实训5 采购流程

学习内容

采购就是根据企业销售、生产的需要购买所需要的各种物资。有效的采购管理能够降低原材料采购占用的资金、缩短采购周期、提高产品质量、显著提高企业利润等。本实训针对ERP系统中的采购管理子系统共设置4个专项功能实训：供应商管理，询价、核价与请购管理，采购变更管理及进退货管理。

学习目标

1. 掌握采购管理的主要任务、相关业务流程及日常操作方法。
2. 掌握供应商基本信息管理及价格管理的内容及方法。
3. 掌握询价、核价、请购的处理流程和方法。
4. 掌握采购变更管理的业务处理方法。
5. 掌握进退货管理的内容及处理方法。

学习框架

采购流程是根据企业销售、生产的需要购买所需的各种物资的过程，主要内容为供应商管理、询价、核价与请购管理、采购变更管理及进退货管理。如图5-1所示为本章学习框架。

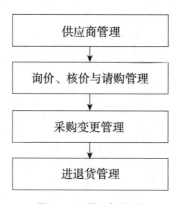

图 5-1 学习框架图

供应商管理包括供应商信息管理及料价管理。在了解供应商信息的基础上，进行询价、核价与请购管理，即向供应商询价、核价。采购变更管理是对采购单中采购物品的数量及单价的变更进行管理。进退货管理为采购物品验收时，合格产品入库，不合格产品进行退货。

88

5.1　供应商管理

当企业往来业务的供应商繁多时，供应商资源的管理就显得日趋重要。本实训将完成对供应商基本信息、供应商料件价格、供应商品号特殊检验方式等设置，并通过供应商交易统计与评级管理，实现对供应商多方位的管理与控制。

5.1.1　实训概述

【实训内容】

在本实训中主要完成以下内容：

（1）供应商信息录入：

① 嘉禾加工厂：付款方式为支票，付款条件为 001；允许分批交货。

② 佳佳工业：付款方式为现金，付款条件为 001；不允许分批交货。

（2）供应商料件价格管理：在对佳佳工业的管理中，对品号为 XXY 的休闲椅做分量计价，采购数量 100 把以上、200 把以下的单价为 90 元/把，200 把以上（含 200 把）的单价为 80 元/把，生效日为 2014 – 12 – 24。

【实训要求】

完成供应商信息设置、供应商料件价格录入及供应商交易统计与评级管理。

【实训目的】

（1）理解供应商管理的目的、意义及内容。

（2）熟悉供应商信息设置的方法。

（3）掌握供应商料件价格设置的方法。

（4）掌握供应商交易统计与评级的管理方法。

【实训解析】

通过实训内容，在 ERP 系统中实现对供应商管理，主要如下：

（1）在"录入供应商信息"模块中，查询供应商嘉禾加工厂，并修改信息；然后再新增一个供应商——佳佳工业，并进行类似设置。

（2）在"录入供应商料件价格"模块中选择"分量计价"，进行分量计价价格的录入。

（3）对"供应商供货统计表"和"供应商 ABC 分析表"按供应商进行相关查询。

（4）运行"供应商评级"，自动更新供应商评级信息。

由此设计操作步骤：录入供应商信息、录入供应商料件价格、供应商交易统计和自动更新供应商评级。

按照上述解决方案的设计，系统环境设置如下：

时点：2014 – 12 – 4；

操作人员：DS（系统管理员）。

5.1.2 实训步骤

第 1 步：进入系统。登录易飞 ERP 系统，在系统主界面（如图 2 - 3 所示）中选择"进销存管理"→"采购管理子系统"，进入"采购管理子系统"界面，如图 5 - 2 所示（图中数字所示顺序为本实训操作顺序）。

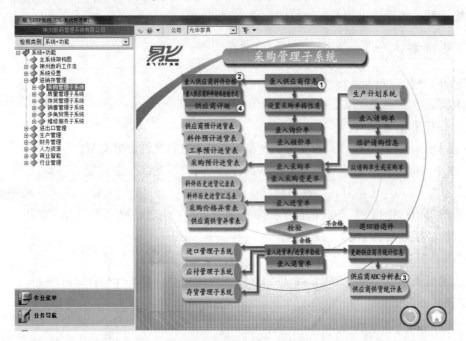

图 5 - 2 "采购管理子系统"界面

第 2 步：录入供应商信息。在"采购管理子系统"中单击"录入供应商信息"模块，进入"录入供应商信息"界面。

（1）单击"查询"按钮，即可查询供应商"嘉禾加工厂"的相关信息，选择"嘉禾加工厂"并单击"修改"按钮，依照图 5 - 3（a）所示内容进行修改操作，修改完毕单击"保存"按钮。

（2）单击"新增"按钮，对"佳佳工业"进行新增操作，依照图 5 - 3（b）所示内容进行新增操作，新增完毕单击"保存"按钮。

说明："🖅"图标可以改变供应商的状况，分为"已核准""尚待核准"和"不准交易"三种状况，以确定是否与此供应商进行交易。评级信息可在运行"供应商评级"和"供应商 ABC 分析表"后自动更新。

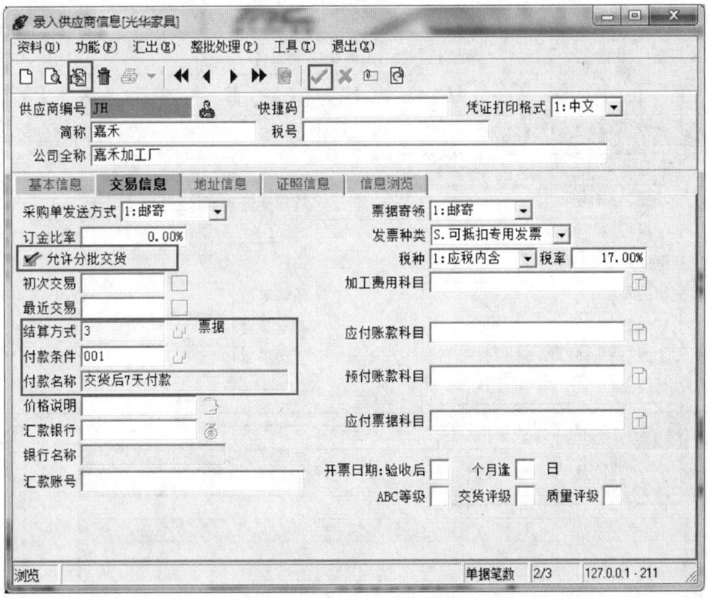

(a) 查询并修改供应商信息——嘉禾加工厂

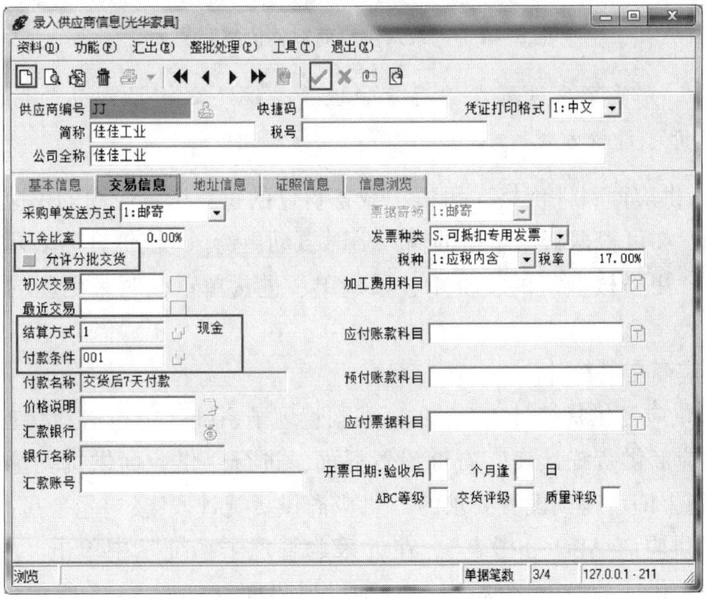

(b) 新增供应商信息——佳佳工业

图 5 – 3　"录入供应商信息"界面

第 3 步：录入供应商料件价格。在"采购管理子系统"中单击"录入供应商料件价格"模块，进入"录入供应商料件价格"界面，按照图 5 – 4 所示内容进行相关信息的录入，录入完毕单击"保存"按钮以结束录入。

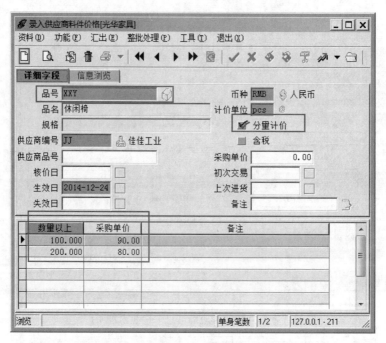

图5-4　"录入供应商料件价格"界面

"休闲椅"需要事先设置在"存货管理子系统"之"录入品号信息"中，并选择"分量计价"计价方式。

说明："录入供应商料件价格"可以记载各料件的每一个供应商的供应价格信息。此单据可以手动维护，亦可根据新增单据的输入随时自动更新。"核价日"表示若本信息是由单据性质中设置为"更新核价"的核价单、采购单、进货单审核时来更新的，单据的日期即为核价日。

第4步：供应商交易统计。

（1）查询"供应商供货统计表"。在"采购管理子系统"中单击"供应商供货统计表"模块，进入"供应商供货统计表"查询设置界面，进行"供应商供货统计表"查询，单击"设计报表"按钮，即可得到设置要求的"供应商供货统计表"。

（2）查询"供应商ABC分析表"。在"采购管理子系统"中单击"供应商ABC分析表"模块，进入"供应商ABC分析表"查询设置界面（如图5-5所示），进行"供应商ABC分析表"查询，单击"设计报表"按钮，即可得到设置要求的"供应商ABC分析表"。

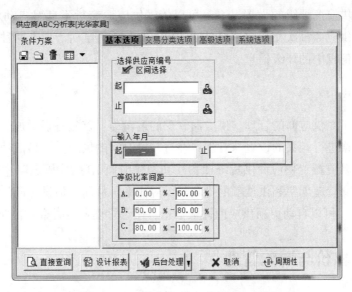

图 5－5 "供应商 ABC 分析表"界面

说明：通过供应商供货统计表，可以了解到各个供应商各个月份的进货金额、进货笔数、不良率、交货超期率等信息。通过供应商 ABC 分析表，可以看出供应商供货额的排名与供应比率，以评估供应商的重要程度，并可更新供应商信息中的"ABC 等级"。通过以上两个表的信息，可以达到对供应商的实时管理。

第 5 步：自动更新供应商评级。在"采购管理子系统"中单击"供应商评级"模块，进入"供应商评级"界面（如图 5－6 所示），进行相应设置。

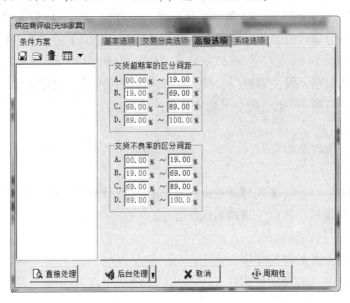

图 5－6 "供应商评级"界面

说明：通过供应商评级的设置，系统可以依据供应商交货不良率自动对其评以质量等级，也可以依据供应商批次交货超期率自动评价其交货是否准时。以上两种评级，均会自动更新供应商基本信息中的评级信息。

5.1.3　实训小结

本实训完成了对供应商的管理。供应商管理的逻辑为：首先对嘉禾加工厂和佳佳工业的供应商信息、价格进行相关的设置与管理；经过一段时间的供应商交易活动，通过更新供应商月统计信息自动更新"供应商供货统计表"和"供应商 ABC 分析表"中信息，分别查看其交货不良率、交货超期率和供货额的排名与供应比率，从而评估供应商的重要程度；而运行"供应商评级"可以自动更新供应商评级信息，便于管理者实时查看供应商的等级。

5.2　询价、核价与请购管理

在采购业务中，采购价格的确认是实现有效采购的关键。首先根据采购需求，向多家供应商对某一品号进行询价；或者面向同一家供应商记录多个品号的价格，进一步核对价格；确定采购价格后，由采购人员制作请购单，记录采购任务。

5.2.1　实训概述

【实训内容】

在本实训中主要完成以下内容：

2014 – 12 – 24 光华家具公司计划购买休闲椅，向佳佳工业和标致家具进行询价。询价结果：佳佳工业的分量计价要求：数量 100 把以上、200 把以下单价为 90 元/把，200 把以上（含 200 把）单价为 80 元/把；标致家具休闲椅的单价为 130 元/把，无分量计价。

同一天采购人员向上级主管部门汇报，主管人员进行审核，决定从佳佳工业购买休闲椅 50 把，含税单价为 120 元/把，随后采购人员录入请购单。

【实训要求】

完成询价单、请购单的录入。

【实训目的】

（1）掌握询价、核价、请购等业务处理在 ERP 采购管理子系统中的作用。

（2）熟练掌握询价、核价、请购的操作方法。

（3）理解分量计价法的原理。

（4）掌握请购业务处理的程序。

（5）理解请购业务处理的目的。

【实训解析】

通过实训资料，在 ERP 系统中实现如下操作：

（1）向佳佳工业和标致家具咨询休闲椅的价格，录入询价单。

（2）上级主管部门决定从佳佳工业购买休闲椅，录入请购单。

由此设计操作步骤：录入询价单、录入请购单。

按照上述解决方案的设计，系统环境设置如下：

时点：2014 – 12 – 24；

操作人员：002 李文（采购人员）。

5.2.2 实训步骤

第 1 步：进入系统。登录易飞 ERP 系统，在系统主界面（如图 2 – 3 所示）中选择"进销存管理"→"采购管理子系统"，进入"采购管理子系统"界面，如图 5 – 7 所示（图中数字序号表示本实训操作顺序）。

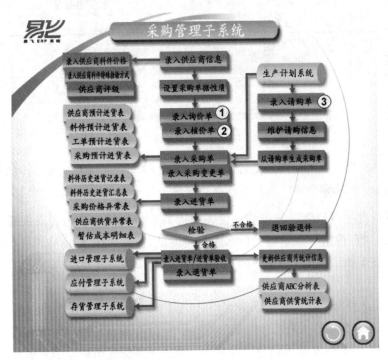

图 5 – 7 "采购管理子系统"界面

第 2 步：录入询价单。在"采购管理子系统"中单击"录入询价单"模块，进入"录入询价单"界面，单击"新增"按钮，依据图 5 – 8 所示内容进行录入，录入完毕保存并关闭界面。

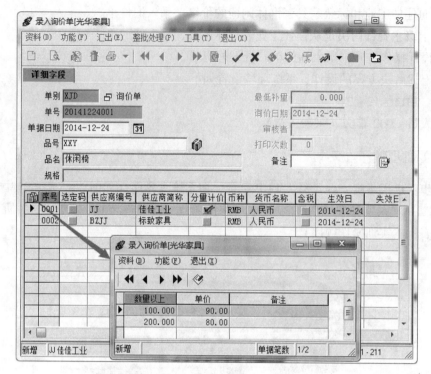

图 5 - 8   "录入询价单"界面

➡️ 此处"单价"代入的为历史价格，若无历史单价，此处显示为空，操作人员可以自行更改；此时需要按照实训资料中的实际询价价格予以修正。

说明：供应商的报价信息可利用"录入询价单"模块将报价内容录入系统，且提供分量计价的输入；"询价单"表示可记录多家供应商针对同一商品的商品价格。询价单不同于核价单的地方在于核价单可记录某一供应商不同商品价格（本实训不涉及，有兴趣的读者可自行练习）。

第3步：录入并查询请购单。

（1）录入请购单。在"采购管理子系统"中单击"录入请购单"模块，进入"录入请购单"界面，根据图 5 - 9 所示信息进行录入，录入完毕保存单据以结束录入。

（2）查询请购单。再次从"采购管理子系统"中进入"录入请购单"界面，单击"查询"按钮即可进行请购单查询。

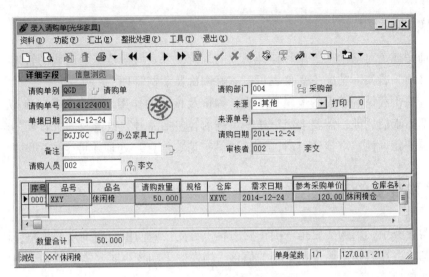

图5-9 "录入请购单"界面

说明:"录入请购单"中一些信息与"录入品号信息"中一些字段有一定控制关系,比如品号基本信息中的"固定前置天数"决定默认此单据中的"需求日期",等等。"锁定码"表示当采购人员收到请购信息时,必须针对此请购信息进行审查,当信息确定后表示即将要发出采购单;上述步骤完成之前采购人员必须将锁定码锁定。"锁定码"在"维护请购信息"里出现,可进行修改,如图5-10所示。

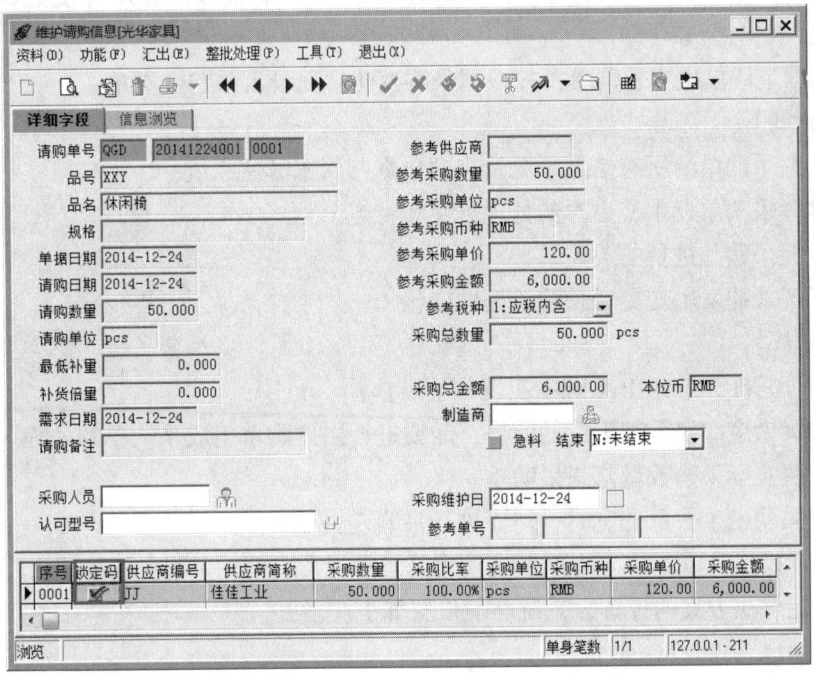

图5-10 "维护请购信息"界面

5.2.3　实训小结

本实训完成了对嘉禾加工厂和佳佳工业的询价，以及向佳佳工业请购的管理。本实训发生在采购之前，若实际情况不需要也可以省略询价及请购管理。

询价、核价和请购管理的逻辑关系为：询价及核价的作用均是向供应商确认采购价格；请购是内部需求的凭证，需要上级审核，审查内容包括品号、数量及需求日期的合理性，以及需求来源的正确性，审核通过后，通过"维护请购信息"处理才可生成采购单。

5.3　采购变更管理

在采购业务中，采购变更是一项重要内容。首先按照向供应商询来的价格，由请购单自动生成采购单，然后修正该采购单相关信息。当发生采购变更时，需要记录变更信息，录入一张采购变更单。

5.3.1　实训概述

【实训内容】

在本实训中主要完成以下内容：

2014 - 12 - 24 光华家具公司计划生产办公椅，购买背垫以备生产；最终购买供应商嘉禾加工厂的背垫 50 个，单价为 90 元/个；随后采购发生变更，背垫数量由 50 个变为 60 个。

【实训要求】

完成根据请购单生成采购单，并根据采购变化情况录入采购变更单。

【实训目的】

（1）掌握采购单的所有信息来源及来源单据归属于哪些系统。

（2）掌握采购单发生变更时的处理方法和特点。

（3）掌握采购与进货的关系。

（4）了解采购发生变更后采购单据的变化。

【实训解析】

通过实训资料，在 ERP 系统中实现如下操作：

（1）购买供应商嘉禾加工厂的背垫，需要进行由请购单生成采购单的处理。

（2）依照实际采购数量修正采购单。

（3）在采购发生数量变更时，需要进行采购变更处理。

由此设计操作步骤：从请购单生成采购单、修正采购单、采购变更处理。

按照上述解决方案的设计，系统环境设置如下：

时点：2014 - 12 - 24；

操作人员：002 李文（采购人员）。

5.3.2　实训步骤

第 1 步：进入系统。登录易飞 ERP 系统，在系统主界面（如图 2 - 3 所示）中选择"进销存管理"→"采购管理子系统"，进入"采购管理子系统"界面，如图 5 - 11 所示（图中数字序号表示本实训的操作顺序）。

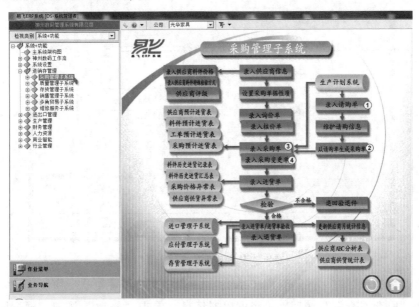

图 5 - 11　"采购管理子系统"界面

第 2 步：录入请购单。在"采购管理子系统"中单击"录入请购单"模块，进入"录入请购单"界面并进行相关操作，如图 5 - 12 所示。

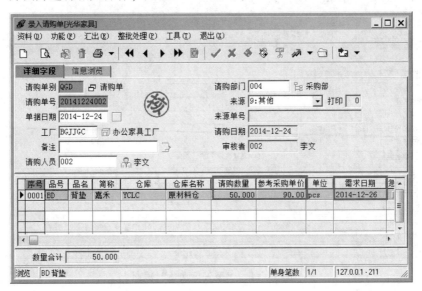

图 5 - 12　"录入请购单"界面

第3步：从请购单生成采购单并修改采购单。

（1）从请购单生成采购单。在"采购管理子系统"中单击"从请购单生成采购单"模块，进入"从请购单生成采购单"界面并进行相关操作，如图5－13所示。

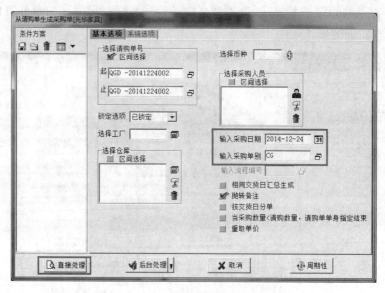

图5－13　"从请购单生成采购单"界面

（2）修改采购单。在"采购管理子系统"中单击"录入采购单"模块，进入"录入采购单"界面，单击"查询"按钮即可查询单据信息；单击"修改"按钮，根据图5－14所示内容修改采购信息，修改完毕保存并退出界面。

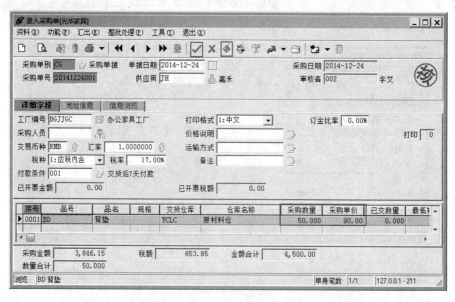

图5－14　"录入采购单"界面

说明：请购单可自动转化为采购单，也可以直接录入采购单，即录入与采购业务处理相关的单据号、采购种类、名称、物料号、采购数量等信息；录入完成后要对采购单进行审核，经审核后的采购单才能有效完成进货业务处理。

🡆 在查询采购单时，一定要再次检验采购物品的单价、数量是否符合实际情况的需要。

第 4 步：录入并查询采购变更单。

（1）录入采购变更单。在"采购管理子系统"中单击"录入采购变更单"模块，进入"录入采购变更单"界面，依照图 5 – 15 所示信息进行录入，录入完毕保存并退出界面。

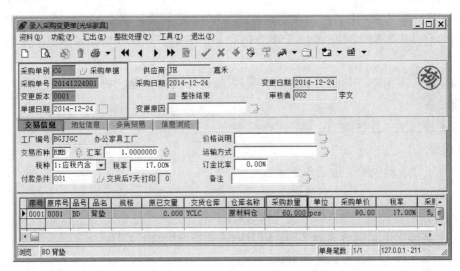

图 5 – 15　"录入采购变更单"界面

（2）查询采购变更单。再次从"采购管理子系统"进入"录入采购变更单"界面，单击"查询"按钮，进行采购变更单的查询。

说明：查询采购变更单的前提是采购单已经审核。运行采购变更业务处理的意义是保留采购单变更记录。所以，如果变更出现错误，就该再变更 1 次，如此才可保留所有变更记录。对于已经结束的采购，如已经进货则不可以再变更采购单的采购对象和采购品号等信息。

5.3.3　实训小结

本实训完成了对采购单及采购变更单的管理。采购及采购变更的逻辑为：录入采购单并审核后，才可以进货；在采购的实际业务没有结束之前，生成的采购单都允许发生变更。

101

5.4 进退货管理

在实际采购业务中，进退货时常发生。随着不断进货和退货，库存商品的数量变化也是动态的。

5.4.1 实训概述

【实训内容】

在本实训中主要完成以下内容：

2014－12－26光华家具公司从嘉禾加工厂购买的背垫到货，背垫60个，单价为90元/个，入库原材料仓；入库验收时发现10个不合格产品，根据实际验收情况录入进货单，并验退货品。

2014－12－26背垫入库后，检验时又发现10个不合格产品，将10个不合格产品退货，录入退货单。

最后进货状况：背垫40个，单价90元/个。

【实训要求】

完成进货单、验退单、退货单的录入。

【实训目的】

（1）熟悉进货管理中由系统自动代入的数据项。

（2）理解验退单和退货单的区别，以及两种业务发生时的差异。

（3）理解发生退货的原因及其处理方法。

（4）熟悉退货管理的操作流程。

（5）了解退货发生后对采购单据中数量的影响。

【实训解析】

通过实训内容，在ERP系统中实现如下操作：

（1）采购人员将从嘉禾加工厂购买的背垫进货，需要录入进货单。

（2）经过检验后发现有10个不合格产品，需要录入退回验退件。

（3）在仓库中又发现10个不合格产品，退货，需要录入退货单。

由此设计操作步骤：录入进货单、录入退回验退件、录入退货单。

按照上述解决方案的设计，系统环境设置如下：

时点：2014－12－26；

操作人员：002李文（采购人员）。

5.4.2 实训步骤

第1步：进入采购管理子系统。登录易飞ERP系统，在系统主界面（如图2－3所示）

中选择"进销存管理"→"采购管理子系统",进入"采购管理子系统"界面,如图 5 – 16
所示(图中数字序号表示本实训操作顺序)。

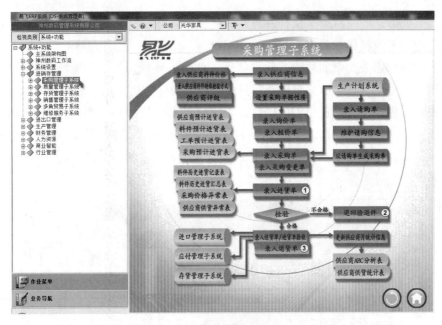

图 5 –16　"采购管理子系统"界面

　　第 2 步:录入进货单。在"采购管理子系统"中单击"录入进货单"模块,进入"录
入进货单"界面(如图 5 – 17 所示),单击"新增"按钮,指定供应商——嘉禾加工厂,并
通过"前置单据"进行录入,录入完毕保存并退出界面。

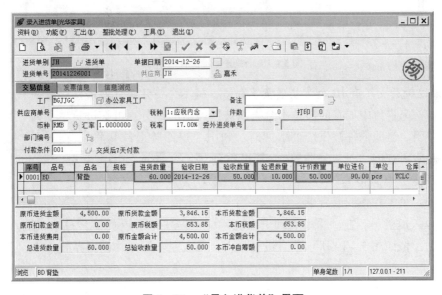

图 5 –17　"录入进货单"界面

⚙ 进货单的前置单据为采购单，"品名"选择"背垫"，将信息自动代入，注意此处进货数量为60。

说明：采购进来的原材料，执行进货业务处理后就可验收入库，供生产领料使用，并在应付子系统中录入收料付款信息。进货时，若来源为采购需求，可使用"前置单据"按钮在进货单上注明原始采购单的号码，并将品号、单位、数量、价格等方面的信息自动调出，使业务处理较为方便，且可做联机检查信息的操作。为防止进货信息未调入采购单号导致重复收料的情形发生，可将进货单的单据设置为"核对采购"，如此系统将自动把关。

第3步：退回验退件。在"采购管理子系统"中单击"退回验退件"模块，进入"退回验退件"界面，单击"新增"按钮，依照图5-18所示信息进行录入，录入完毕保存单据并退出界面。

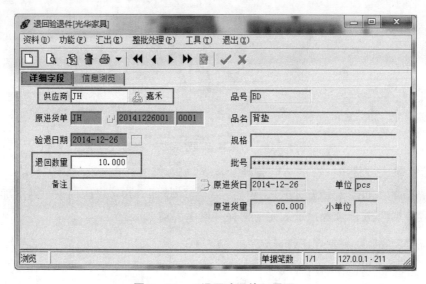

图 5-18　"退回验退件"界面

⚙ 经过检验发现有10个背垫质量不合格，将不合格背垫退回给供应商嘉禾加工厂。

说明：一笔进货中如有因质检不合格而被判验退的部分，可在进货单上的"验退数量"一栏加以注明。当验退件被供应商取回时，利用"退回验退件"将实际退回的料件信息录入系统，此后再查询"录入采购单"，即可看到"已交数量"字段变更（本实训中"已交数量"字段变更为"50"）。

第4步：录入并查询退货单。

（1）录入退货单。在"采购管理子系统"中单击"录入退货单"模块，进入"录入退货单"界面，依照图5-19所示信息进行录入，录入完毕保存并退出界面。

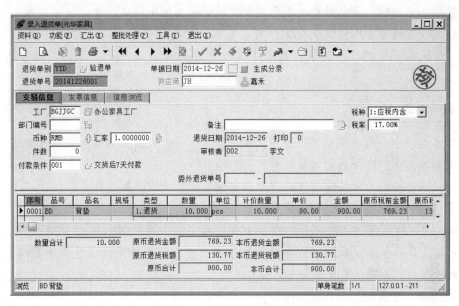

图 5 – 19　"录入退货单"界面

（2）查询退货单。再次从"采购管理子系统"中进入"录入退货单"界面，单击"查询"按钮，即可对退货单进行查询。

说明：对于已经验收入库的原材料，如果事后因为品质或其他原因而发生退货情况，可以执行此项业务处理。退货单输入时，若退货商品可追溯采购来源，应注明原采购单号，如此将对应减去该采购单之"已交数量"；若退货商品已经确实不需要再进货，则须在"录入采购单"中执行"指定结束"业务处理。

5.4.3　实训小结

本实训完成了对产品入库及退货的管理。货物入库管理的逻辑为：首先对采购来的货物做进货操作，在进货过程中需要对其进行验收核对，如果发生不合格物品，在进货单上注明实际进货数量和验退数量，并依据验退数量录入退回验退件单据；当货物实际入库后发现有不合格物品时，则需要直接录入退货单来更新库存数量。

本章小结

本章实训在"采购管理子系统"中模拟了几个采购处理流程，涉及供应商管理、询价、核价与请购管理、采购变更管理，进退货管理等，实现了采购业务多方位的管理与控制。

应该注意的是：

1. 询价、核价与请购管理反映了对商品价格的记录和确认。"询价"记录多家供应商针对同种商品的价格；"核价"记录某一供应商供应的多种商品的价格；"请购"记录经企业管理人员对询价或核价的价格审核后的价格，该价格可作为采购单价。

2. 采购变更管理，主要针对的是已经发放但未结束的采购单，可以做相应的变更。

3. 进退货管理包含两种退货模式，它们在时点上是不同的：一个是在验收入库时，即未入库时出现不合格的货品退货；另一个是在已经入库出现不合格品时，需要进行退货处理。

思考与练习

1. 除本实训中介绍的采购单来源外，请用其他来源生成的采购单来完成本实训。

2. 采购中发生退货后对应付管理有什么影响？

3. 询价单与核价单对价格管理的作用的相同点与不同点分别是什么？

4. 根据题义由物料需求计划生成采购单：

2014－12－21光华家具公司计划购买100把办公椅，要求2014－12－28交货，请做出订单。采购人员蔡春接单后立即做物料需求业务处理，请在物料需求计划中自动生成采购单，并思考采购人员需要审核采购单的哪些关键数据。

5. 根据题义完成借入转采购的操作：

2014－12－23光华家具公司向嘉禾加工厂借入背垫100个，10天后由于产品质量试用合格转为采购；采购数量为100个，含税单价为80元/个，预计2014－12－31交货。

6. 采购单由于突发因素终止了交易，在系统中如何实现？如果只终止了采购单部分原材料的采购，在系统中如何操作？

7. 采购进货在正式入库前，质检出不合格品，要进行货物的验退处理，在系统中如何实现？

实训6 库存与存货管理

学习内容

存货是指企业在生产经营过程中为销售或者耗用而储备的物资，包括各类材料、商品、在制品、半成品、产成品等。存货管理的目标就是在充分发挥存货作用的前提下，不断降低存货成本，以最低的存货成本保障企业生产经营的顺利进行。本实训针对 ERP 系统中的存货管理子系统共设置 4 个专项功能实训：库存交易处理、库存盘点管理、月底存货结转和存货管理报表。

学习目标

1. 理解库存管理的主要任务、相关业务流程及日常操作方法。
2. 掌握库存管理中库存交易（出/入库、借入/借出、调拨等）处理方法及操作流程。
3. 理解库存盘点的处理方法及操作流程。
4. 掌握月底存货结转的内容及操作方法。
5. 理解并掌握存货管理报表的种类、意义、操作方法及用途。

学习框架

企业的库存与存货管理主要是对企业的各种存货进行信息管理、决策分析以及相应控制，最终达到提高经济效益的目的，是企业购销链管理的核心。库存与存货管理的内容主要包括库存交易处理、库存盘点管理、月底存货结转及存货管理报表。如图 6-1 所示为本章学习框架。

图 6-1　学习框架图

库存交易处理主要包括出／入库管理、借入／借出管理以及调拨管理；库存盘点管理包括盘点与账面对照，并对库存信息做更新调整；月底存货结转包括对月底成本计价、存货结转等；月底存货结转之后，可以查询存货管理报表，对库存呆滞分析表及库存明细表做查询和分析。

6.1　库存交易处理

库存交易处理涉及的大量单据是由库存管理的前序业务处理完成并导入库存管理系统中的，如从采购管理子系统导入的进货单、退货单，从销售管理子系统导入的销货单、销退单，等等。上述单据分别在它们相应的子系统进行录入并产生，除此之外的零星领料、借入／借出、库存调拨等库存交易单据需由存货管理子系统手工录入。

6.1.1　出／入库管理

6.1.1.1　实训概述

【实训内容】

在本实训中主要完成以下内容：

2014 – 12 – 22 光华家具领原材料"中支"100 个到原材料仓，准备投入生产。

【实训要求】

完成库存交易中零星领料业务处理的操作。

【实训目的】

掌握一般库存交易中零星领料的日常处理方法。

【实训解析】

本实训涉及零星领料投入生产业务，在 ERP 系统中实现将信息录入库存交易单中，并选取"单别"为"零星领料"，从而完成此项业务的日常处理。

按照上述解决方案的设计，系统环境设置如下：

时点：2014 – 12 – 22；

操作人员：003 刘争（仓管人员）。

6.1.1.2　实训步骤

第1步：登录系统。在系统主界面（如图 2 – 3 所示）中选择"进销存管理"→"存货管理子系统"，进入"存货管理子系统"界面，如图 6 – 2 所示。

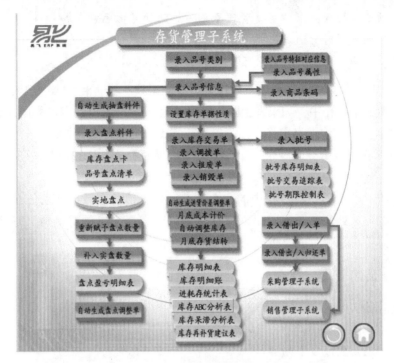

图6-2　"存货管理子系统"界面

第2步：录入并查询库存交易单。

（1）录入库存交易单。在"存货管理子系统"界面中单击"录入库存交易单"模块，进入"录入库存交易单"界面，按图6-3所示内容填写，填写完毕后单击"保存"按钮结束录入。

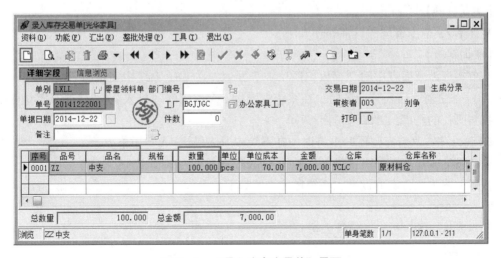

图6-3　"录入库存交易单"界面

- 此项业务处理要求"存货管理子系统"的初始化已经完成。
- 在填制单别时，通过选择"LXLL 零星领料单"进行相关录入。
- 需要指明该物料的所属仓库，减少该仓库库存。

说明："录入库存交易单"模块一般用来管理除采购、销售和生产的出入库以外的库存交易业务。企业日常操作中，如果发生除采购、销售和生产的出入库以外的库存交易业务，而在"设置单据性质"中没有定义，则可以自行定义该类库存交易单据。

（2）查询库存交易单。在"录入库存交易单"界面中单击"查询"按钮即可实现查询。

6.1.1.3 实训小结

由于"生产领料"是生产过程中的一个环节，相关信息由系统自动传递，故本实训完成了零星领料的业务处理。通过"录入库存交易单"选择零星领料单别，完成零星领料的库存管理。注意：在领料时需要指明该物料所在仓库。

6.1.2 借入/借出管理

6.1.2.1 实训概述

【实训内容】

在本实训中主要完成以下内容：

2014 - 12 - 22 光华家具采购员李文从嘉禾加工厂借入背垫 60 个，从借入仓转入原材料仓，库管员刘争办理借入手续。

2014 - 12 - 24 光华家具归还借来的 60 个背垫。

【实训要求】

完成借入仓的设置，借入单、借入归还单的录入操作。

【实训目的】

掌握借入/借出管理的日常处理方法。

【实训解析】

本节实训涉及库存中的"借入归还"业务处理，在 ERP 系统中实现如下操作：

（1）当发生"借入"业务时，在系统中增设 1 个虚拟的"借入仓"，表示从其他企业借来的物料所在的仓库，并录入借出/入单。

（2）当发生"借入归还"业务时，在系统中录入借出/入归还单。

由此设计操作步骤：设置借入仓、录入借出/入单、录入借出/入归还单。

按照上述解决方案的设计，系统环境设置如下：

时点：2014 - 12 - 22；

操作人员：003 刘争（仓管人员）。

6.1.2.2 实训步骤

第 1 步：登录系统。在"基本信息子系统"中单击"录入仓库信息"模块，进入"录入仓库信息"界面，单击"新增"按钮设置"借入仓"（参照 2.3.2 第 2 步操作），按照

图6-4所示内容进行相关设置。

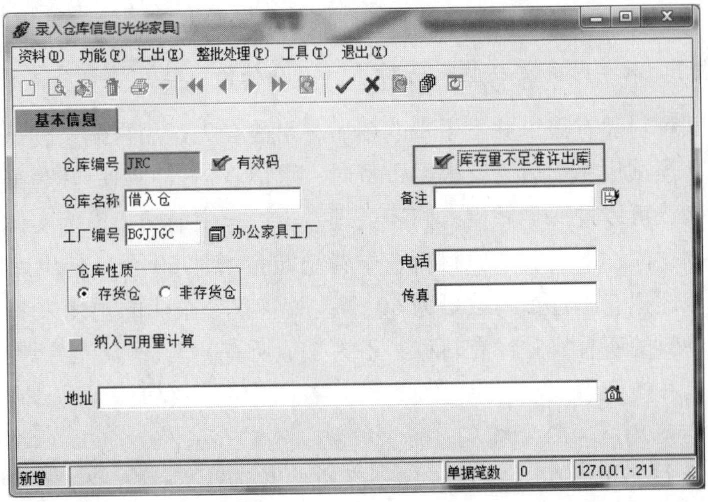

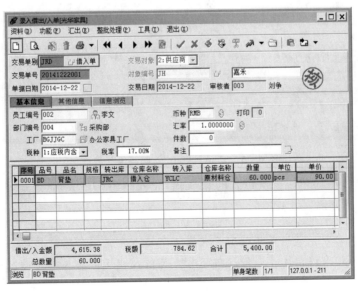

图6-4　设置借入仓界面

说明：借入物料的所属权并不属于企业。"借入仓"的性质为存货仓，但不是实物仓库，是虚拟仓库；该仓库既是借入业务的出库仓库，也是归还业务的入库仓库。启用"库存量不足允许出库"表示该库存允许为负。

第2步：录入并查询借入单。

（1）录入借入单。在"存货管理子系统"界面中单击"录入借出/入单"模块，进入"录入借出/入单"界面，按照图6-5所示填写相关信息，填写完毕后单击"保存"按钮并退出界面。

图6-5　"录入借出/入单"界面

（2）查询借入单。再次进入"录入借出/入单"界面单击"查询"按钮，即可进行借入单查询。

⟶ 在填制借出/入单时需要指明交易对象，以及转出、转入的仓库名称和数量。

说明：当对某种料品有需求并下了采购单后，可能会先试用再购买，这时需要先借货试用，录入借入单，当试用完毕后需要采购进货时，可以将借入的料品转为采购进货量；如果试用后不进行采购，可以进一步做借入归还处理。借入单中的转入库为实体仓库，即原材料借入后放置的实物仓库，本实训中原材料仓中背垫数量增加60个；转出库为第1步建立的虚拟仓库，此时该虚拟仓库背垫的数量为60个；故从整个企业的角度来看，库存的数量并没有增加，因为物料的所有权并没有转移，不为企业所有。

第3步：录入并查询借入归还单。

（1）改变时点：2014-12-24。

（2）录入借入归还单。在"存货管理子系统"界面中单击"录入借出/入归还单"模块，进入"录入借出/入归还单"界面，按图6-6所示内容进行录入操作，录入完毕单击"保存"按钮并关闭该界面。

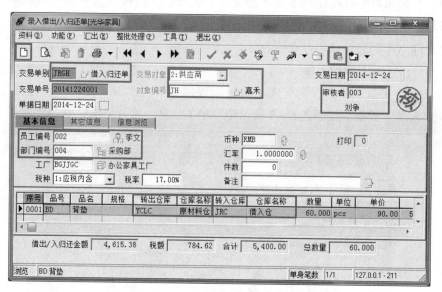

图6-6 "录入借出/入归还单"界面

（3）查询借入归还单。再次进入"录入借出/入归还单"界面，单击"查询"按钮即可进行借入归还单查询。

⟶ 进行借入业务，首先在系统中要设置一个借入仓，该仓库的仓库性质为存货仓，并且库存不足准许出库。当借入归还时，与借入相反，转入库为借入仓，转出仓为原材料仓。

说明：

● 如果是采购试用的借入，当试用完毕需要进行采购进货时，可以将借入的料品转为采购进货量。具体方法是在录入进货单时点选单头的来源单据，复制来源为借入单，然后选出具体单据，将其信息复制到进货单中。注意：进货的仓库为借入仓。

● 借入归还的"来源单别"为"借入仓"。当借入归还单审核后，借入单单身的归还量同时被更新。

● 借入归还时，转入仓库为"借入仓"，在第1步建立的虚拟仓库中，背垫数量增加60；转出仓库为"原材料仓"，背垫的数量减少60。此时两个仓库的数量恢复到借入业务之前的状况。

6.1.2.3　实训小结

本实训完成了库存管理中借入、借入归还业务的处理。因为借入原料的所属权并不属于企业，所以在此项业务处理中引进了一个虚拟仓库——借入仓，用来表示外单位的逻辑仓库。

借入、借入归还管理的逻辑为：若发生借入业务，需要设置一个虚拟的"借入仓"，在处理借入业务时，将物料从虚拟的"借入仓"转移到指定仓库，完成借入操作；在处理借入归还业务时，与借入业务类似，但是需要指定前面的"借入单"的单别，建立对应归还项，同时将物料从本仓库转移到"借入仓"，完成借入归还业务。无论是借入还是借出，均需指明该物料在仓库间转移的仓库名称，表示实际物流的流动。

6.1.3　调拨管理

6.1.3.1　实训概述

【实训内容】

在本实训中主要完成以下内容：

2014 – 12 – 22 光华家具从原材料仓调拨 60 个背垫到办公椅仓。

【实训要求】

完成库存调拨单的录入操作。

【实训目的】

掌握调拨管理的日常处理方法。

【实训解析】

根据实训内容资料，在 ERP 系统中使用"录入调拨单"实现库存调拨管理。

按照上述解决方案的设计，系统环境设置如下：

时点：2014 – 12 – 22；

操作人员：003 刘争（仓管人员）。

6.1.3.2　实训步骤

第1步：录入调拨单。在"存货管理子系统"界面中单击"录入调拨单"模块，进入

"录入调拨单"界面，按图6-7所示信息填写，填写完毕后单击"保存"按钮结束录入。

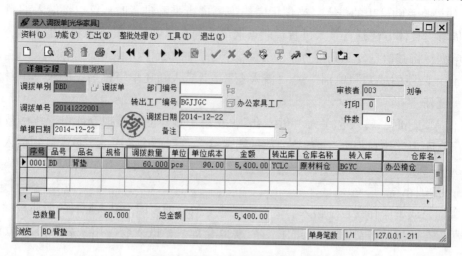

图6-7　"录入调拨单"界面

第2步：查询调拨单。再次进入"录入调拨单"界面，单击"查询"按钮即可进行调拨单查询。

→ 转出仓为原材料仓，转入仓为办公椅仓。

说明：调拨必须在同属性仓库之间进行，如存货仓调拨至另一个存货仓，不允许存货仓与非存货仓之间的转移。本实训的调拨属于企业内部的物资调动，注意它与借入/借出业务的不同。

6.1.3.3　实训小结

本实训完成了企业内部的物资调拨业务处理。调拨业务处理属于企业内部库存交易处理的管理，ERP系统提供了相关功能，对库存调拨过程中仓库之间变化信息的记录提供了较全面的支持。在调拨时，需要指明该物料转移的仓库，表示实际物流的流动。

6.2　库存盘点管理

本实训中按照定期盘点模式进行盘点业务处理。首先通过确认盘点的品号、打印库存盘点卡、实地盘点，确认库存数量并输入盘点料件表中，然后与账面数量对照，最后通过盘点调整单，更新现有的库存结存信息。

6.2.1　实训概述

【实训内容】

在本实训中主要完成以下内容：

2014-12-31对仓库进行盘点，盘点料件包括背垫、底座、螺丝零件包、轮子、座垫、中支等。

【实训要求】

完成库存盘点管理的各项操作。

【实训目的】

(1) 了解库存盘点的实际意义。

(2) 掌握库存盘点的业务流程。

(3) 掌握 ERP 系统中盘点的相关处理方法。

【实训解析】

通过实训资料在 ERP 系统中完成库存盘点业务处理，实现如下操作:

(1) 根据实训资料，确认本次盘点的原材料，得到盘点料件清单。

(2) 依照确认了的盘点料件清单，打印库存盘点卡。

(3) 依据实物盘点具体数量填制盘点卡。

(4) 依据盘点卡中的实物盘点数量执行"录入盘点料件"。

(5) 对盘点料件的账上数量和实际盘点数量进行结算处理，并查询盘点盈亏明细表。

(6) 自动生成盘点调整单，记录调整情况。

操作步骤依次为: 自动生成抽盘料件、查询盘点料件、生成库存盘点卡、录入实际盘点数量、盘点结算、查询盘点盈亏明细表、自动生成盘点调整单。

按照上述解决方案的设计，系统环境设置如下:

时点: 2014 - 12 - 31;

操作人员: 003 刘争 （仓管人员）。

6.2.2　实训步骤

第 1 步: 自动生成抽盘料件。在"存货管理子系统"界面中单击"自动生成抽盘料件"模块，进入"自动生成抽盘料件"界面，按图 6 - 8 所示内容填写，填写完毕后单击"直接处理"按钮结束录入。

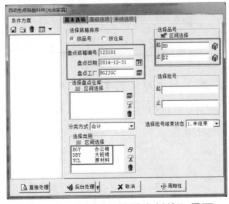

图 6 - 8　"自动生成抽盘料件"界面

第 2 步：查询盘点料件。在"存货管理子系统"界面中单击"录入盘点料件"模块，进入"录入盘点料件"界面，单击"查询"按钮，对自动生成的料件盘点数量进行查询，确认后关闭该界面。详细操作请参看本实训配备的操作录屏。

➲ 查询时需要将盘点料件选择完全。

说明：利用系统中的"自动生成抽盘料件"模块来选择所要盘点的品号，并将其信息自动生成于"录入盘点料件"模块中；自动生成抽盘料件后在"录入盘点料件"模块中查询的信息，只反映了盘点的品号以及品号的账面数量，此时列出来的"盘点数量"即为账面数量；如果因实际状况无法利用"自动生成抽盘料件"来选择需要盘点的对象，亦可直接利用"录入盘点料件"模块来逐笔输入需要盘点的品号。

第 3 步：生成库存盘点卡。在"存货管理子系统"界面中单击"库存盘点卡"模块，进入"库存盘点卡"设置界面，按照图 6 - 9（a）所示进行操作后生成"库存盘点卡"，结果如图 6 - 9（b）所示。

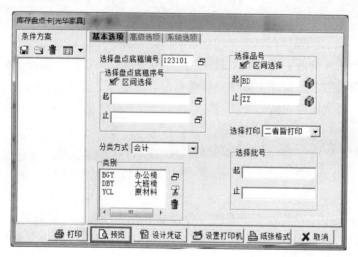

(a) 设置库存盘点卡

(b) 库存盘点卡

图 6 - 9 生成库存盘点卡界面

说明："品号盘点清单"或"库存盘点卡"可作为实际盘点时盘点数量信息记录的原始凭证。

第 4 步：录入实际盘点数量。在"存货管理子系统"界面中单击"录入盘点料件"模块，进入"录入盘点料件"界面（如图 6 - 10 所示），单击"查询"按钮即可查询到做好的盘点料件，单击"修改"按钮可将盘点卡上的实际数量修正到"盘点数量"字段中，确认后保存。

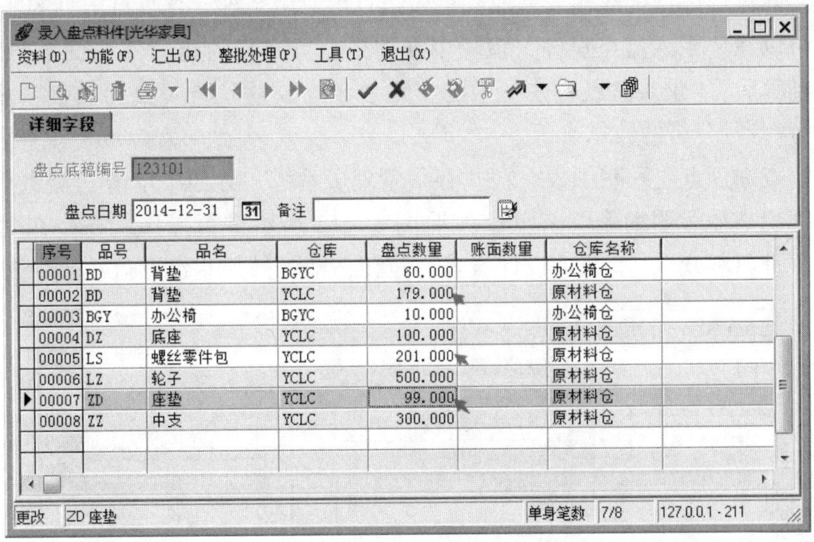

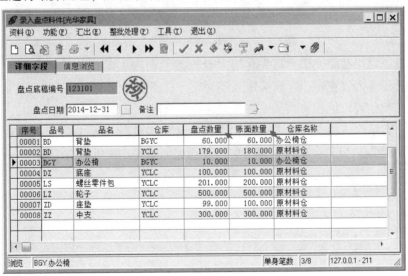

图 6 – 10　"录入盘点料件"界面——录入实际盘点数量

说明：根据"品号盘点清单"或"库存盘点卡"上的实际盘点数量，将实际盘点数量输入"录入盘点料件"中的"盘点数量"字段，也可通过"补入实盘数量"模块录入实际盘点数量，两种方式均可。在盘点过程中，如果从生成盘点卡到实际盘点期间再进行库存的交易，在盘点结算之前，可通过"重新赋予盘点数量"模块，将当日实际的账面数量进行更新，以省去逐笔输入的麻烦。

第 5 步：盘点结算。从"存货管理子系统"界面中进入"录入盘点料件"界面，单击"审核"按钮进行结算处理，处理结果如图 6 – 11 所示。

图 6 – 11　"录入盘点料件"界面——盘点结算

说明：实际盘点信息全部输入完成并审核结算后，由系统计算盘点当日的账面数量；汇总计算后，可以在"录入盘点料件"模块中查询到盘点当日为止的"账面数量"字段中的信息；盘点结算后，"录入盘点料件"中的实际"盘点数量"与"账面数量"将分别列示，作为后续盘盈/盘亏分析的数据来源。

第6步：查询盘点盈亏明细表。在"存货管理子系统"界面中单击"盘点盈亏明细表"模块，进入"盘点盈亏明细表"界面，按照图6-12所示进行操作，并且在"高级选项"页签中选择"原材料仓"，单击"设计报表"按钮，即可打开"盘点盈亏明细表"界面。

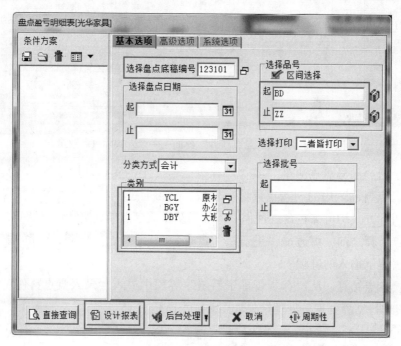

图6-12　"盘点盈亏明细表"界面

说明：盘点结果登录完毕，可先利用"盘点盈亏明细表"模块检视是否有漏盘、漏输入的信息，再予补入或更正，直到确定无误为止。有了实际盘点数量及账面数量后，还可以打印盘点盈亏明细表以供相关人员了解盘点的盈亏情形。

第7步：自动生成盘点调整单。在"存货管理子系统"界面中单击"自动生成盘点调整单"模块，进入"自动生成盘点调整单"界面，如图6-13所示。

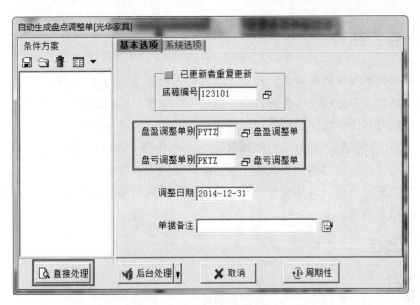

图 6 – 13　"自动生成盘点调整单"界面

说明：在确定盘点信息无误，且已生成盘点盈亏明细表后，即可运行"自动生成盘点调整单"模块，以更新现有的库存结存信息。在"设置库存单据性质"模块中可以查到"PYTZ 盘盈调整单"和"PKTZ 盘亏调整单"单别，依照已经定义的盘盈/盘亏调整单，在此调用即可自动生成盘点调整单；自动生成的盘点调整单可以在"存货管理子系统"界面中通过单击"录入库存交易单"模块进行查询。详细操作请参看本实训配备的操作录屏。

6.2.3　实训小结

本实训完成了库存盘点的业务处理过程。企业内部库存盘点管理的逻辑为：首先做需要盘点的料件品号选择，如果因实际状况无法利用"自动生成抽盘料件"模块来选择需要盘点的对象，可直接利用"录入盘点料件"来逐笔输入需要盘点的品号；盘点品号信息确定并打印"库存盘点卡"或"品号盘点清单"，作为实际盘点时盘点数量信息的原始凭证；将实际盘点信息全部"录入盘点料件"后，通过盘点结算，由系统计算盘点当日的账面数量，并生成盘点盈亏明细表供管理者查询使用；最后运行"自动生成盘点调整单"，以更新现有的库存结存信息。

库存盘点在库存管理中的操作比较简单但意义重大：一是控制存货，以指导日常经营业务；二是掌握损益，以便真实地把握经营绩效，并尽早采取防漏措施。

6.3 月底存货结转

企业每时每刻都有物料的进出、转移，财务成本数据不断变化，因此每个库存期末都要进行库存期末结转业务处理，一般有日结、月结、年结等，常用的是月结业务处理。存货的月结业务处理以每月固定时间运行，用以结算当月的存货、统计当月的库存交易，生成物品的现行年月交易统计信息，并将现行年月累加。这样处理一方面可结算该月份存货的价值，另一方面可计算该月份物品的销货成本。存货结转必须于该月份的库存进出和与存货相关的应收应付账款确定后运行。月结业务处理完成后，若发现交易信息有误，就必须从财务的角度于次月进行财务调整。

6.3.1 实训概述

【实训内容】

本实训主要包括月底成本计价、自动调整库存、月底存货结转等。

【实训要求】

完成期末结转的各项操作。

【实训目的】

（1）理解月底存货结转的主要内容和处理流程。

（2）掌握月加权平均成本在系统内部是怎样换算的。

（3）了解自动调整库存发生的条件和目的。

【实训解析】

通过实训内容，在 ERP 系统中实现期末结转业务处理：

（1）月底成本计价，对本月发生的所有出入库成本进行调整。

（2）自动调整库存，对有成本差异的物料进行调整。

（3）月底存货结转。

此项业务属于存货管理子系统的期末结账业务处理，由此设计操作步骤：月底成本计价、自动调整库存和月底存货结转。

按照上述解决方案的设计，系统环境设置如下：

时点：2014 – 12 – 31；

操作人员：003 刘争（仓管人员）。

6.3.2 实训步骤

第1步：月底成本计价。在"存货管理子系统"界面中单击"月底成本计价"模块，进入"月底成本计价"界面，如图 6 – 14 所示。

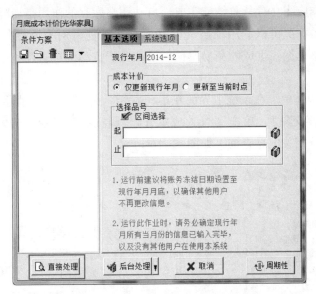

图6-14　"月底成本计价"界面

说明：月底成本计价可以计算物品当月份的月加权平均单价或日加权平均单价，并更新库存交易明细信息及库存交易单据等；在运行完"月底成本计价"后，所有当月属进退货性质以外的库存交易单据，其交易品号的成本皆被自动更新为所计算出的月加权平均成本。

第2步：自动调整库存并查询。

（1）在"存货管理子系统"界面中单击"自动调整库存"模块，进入"自动调整库存"界面，如图6-15所示。

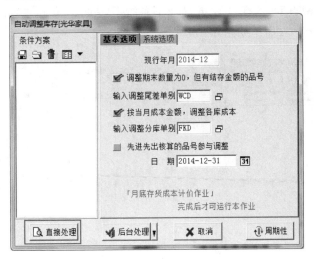

图6-15　"自动调整库存"界面

此时时点：2014-12-31。

121

　　说明：此项操作应当在存货月结前完成。自动调整库存的作用是当财务人员进行账务核对时，对库存异常的状况可以利用"自动调整库存"功能针对有问题的物品进行调整，并自动生成相应的调整单据；生成的交易单据如果设置了自动审核，调整单中的数据将更新调整前的库存信息。

　　（2）查询库存调整单。在系统主界面左边树状结构处选择"进销存管理"→"存货管理子系统"→"库存交易"，单击"录入成本开账/调整单"模块，进入"录入成本开账/调整单"界面，进行相关信息查询，如图6-16所示。

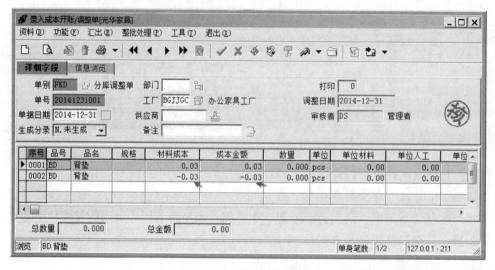

图6-16　分库调整单界面

　　第3步：月底存货结转。在"存货管理子系统"界面中单击"月底存货结转"模块，进入"月底存货结转"界面，如图6-17所示。

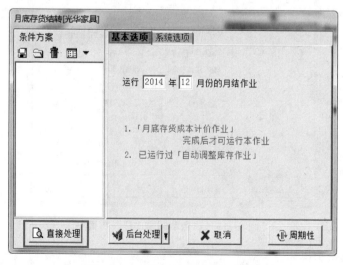

图6-17　"月底存货结转"界面

➡️ 执行此操作前务必保证"月底成本计价"和"自动调整库存"业务处理已运行。

说明：此操作用于结算当前月的月底库存成本及数量。运行过后，该月及之前的各种库存交易单据信息不可再行输入、更改或取消。

6.3.3　实训小结

本实训完成了存货期末月底结账的业务处理过程。存货期末月底结账的逻辑为：每到期末，首先进行月底成本计价，对本月发生的所有出入库成本进行调整；然后查看自动调整库存，对有成本差异的物料进行调整；最后在月底做月底存货结转，将本月库存成本结转到下月。

6.4　存货管理报表

存货管理报表包括库存预计状况表、库存 ABC 分析表、库存呆滞分析表、库存周转率分析表、库存再补货建议表等。ERP 系统可实时提供各种相关报表，以供管理者了解库存状况，支持适当的采购或存货处理决策等。由于操作基本相近，本实训中仅就库存呆滞分析表及库存明细表的查询及相关分析做了相关介绍。

6.4.1　实训概述

【实训内容】

在本实训中主要完成以下内容：

月底对库存呆滞分析表及库存明细表进行查询，查看库存当月出入库情况及呆滞物料情况。

【实训要求】

完成库存呆滞分析表及库存明细表的查询与分析。

【实训目的】

(1) 了解库存报表的类型，理解不同报表的作用。

(2) 掌握生成库存报表的操作方法。

(3) 能够分析报表中物料的数量变化，理解这些数量变化与采购、生产、销售的关系。

【实训解析】

按照上述解决方案的设计，系统环境设置如下：

时点：2014 – 12 – 31；

操作人员：003 刘争（仓管人员）。

6.4.2　实训步骤

第 1 步：查询库存呆滞分析表。在"存货管理子系统"界面中单击"库存呆滞分析表"模块，进入"库存呆滞分析表"界面，按照图 6 – 18 所示内容进行设置并查询。

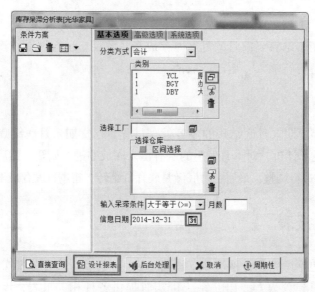

图6-18 "库存呆滞分析表"界面

说明：在高级选项中，"选择呆滞依据"选项的条件与输入条件的"信息日期"对比，即可计算出呆滞月份。若系统计算所得的呆滞月数大于或等于选项"输入呆滞月数"，其品号信息将进行显示。选项"输入呆滞月数"空白表示全部品号都显示。本实训中呆滞月份为空白。

库存呆滞分析表，可用于查询各仓库长期未出入库的物料信息，为物料管理作参考，以避免存货积压或损坏。例如，通过该报表可以查看每种物料的上次出入库日期和呆滞月数，若某些物料没有出过库，则其呆滞月数为99。

第2步：查询库存明细表。在"存货管理子系统"界面中单击"库存明细表"模块，进入"库存明细表"界面，按照图6-19所示内容进行设置并查询。

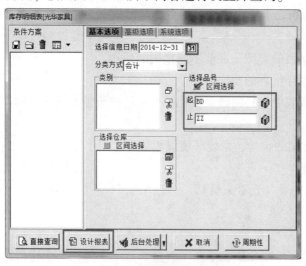

图6-19 "库存明细表"界面

说明：库存明细表用于显示每一特定时间内各项品号存放在各库的库存数量、库存金额及单位成本等统计信息。库存交易明细信息受月底成本计价所影响，若要本报表信息准确，请先运行"月底成本计价"。

6.4.3 实训小结

本实训完成了库存呆滞分析表和库存明细表的查询与分析操作。库存呆滞分析表和库存明细表各有侧重，前者可用于查找仓库里的呆滞物料，而后者更偏重于显示仓库中每种物料的详细信息。学会使用并分析库存报表能够更有效地管理库存，保证企业生产与销售的正常进行。

本章小结

本章实训在"存货管理子系统"中模拟一个企业的库存管理业务流程，主要涉及易飞 ERP 系统中的库存交易处理、库存盘点管理、月底存货结转和存货管理报表。

需要重点理解的是：

1. 本实训的业务处理要求"存货管理子系统"初始化已经完成。在库存交易中，均需要指明该物料移动的仓库，用于表示实际物流的流动。

2. 库存盘点在库存管理中的操作比较简单但意义重大，一是控制存货，以指导日常经营业务；二是掌握损益，以便真实地把握经营绩效，并尽早采取防漏措施。

3. 月底存货结转之前必须对存货运行成本计价，并做自动调整库存操作。

思考与练习

1. 仓库之间的交易有几种类型？

2. 借入单与库存交易单最根本的区别是什么？借入单数值类型为负的意义是什么？

3. 试比较各种存货管理报表的差异。

4. 月结时所做的自动调整库存分别针对什么状况进行调整？意义为何？

实训 7 生产流程

学 习 内 容

本实训涵盖生产计划和执行控制两方面内容，并对生产管理中几种常见的非标准处理流程涉及的生产管理业务设计了相关的业务场景和实训内容，具体包括：主生产计划（Master Production Schedule，MPS）、物料需求计划（MRP）、插单后的计划管理、厂内生产管理 – 倒扣料模式、委外加工管理 – 供应商供料模式及委外工序管理。

学 习 目 标

1. 理解 ERP 系统中生产管理基本任务、相关业务流程及日常操作方法。
2. 理解并掌握主生产计划（MPS）的目的和发放方法。
3. 掌握批次需求计划（LRP）或物料需求计划（MRP）的发放方法。
4. 理解厂内生产管理 – 倒扣料模式的目的、意义和处理流程。
5. 了解委外加工管理 – 供应商供料模式的目的、意义和处理流程。
6. 了解委外工序管理的模式、意义和处理流程。

学 习 框 架

生产管理是有计划组织、指挥、监督调节的生产活动，主要包括主生产计划、物料需求计划、插单后的计划管理、厂内生产管理、委外加工管理及委外工序管理等内容。本章学习框架如图 7 – 1 所示。

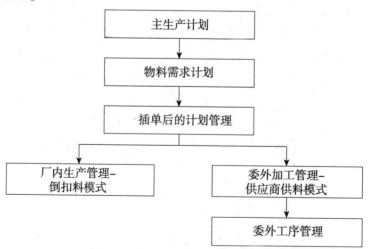

图 7 – 1 学习框架图

主生产计划为企业根据客户订单或销售预测生成的排程计划和工单。物料需求计划为根据生产需要确定订货时间及数量的计划。插单后的计划管理是指处理生产过程中的优先订单的过程。本实训对厂内生产管理主要介绍了倒扣料模式，对委外加工管理主要介绍了供应商供料模式，此外还介绍了委外加工管理情况下的委外工序管理。

7.1　主生产计划

主生产计划的作用是企业在具备可用资源的条件下，确定一定时间内生产什么、生产多少、什么时间生产，等等。主生产计划是企业生产计划系统中的关键环节，是驱动后续物料需求计划（MRP）和批次需求计划（LRP）的主计划信息。

7.1.1　实训概述

【实训内容】

在本实训中主要完成以下内容：

生管人员吴昊根据 12 月份办公椅 200 把的销售预测及中实集团 100 把办公椅的销售订单去组织生产，并安排主生产计划。调整并确认后，将生产计划派工给生产车间办公椅加工中心。该车间生产办公椅的关键产能资源为人力，办公椅加工中心有工人 5 人，每人每天 8 小时产能，每生产 1 把办公椅耗用产能 1 小时。

【实训要求】

完成每日资源、排程来源等基础信息设置，根据当前的销售预测及销售订单生成排程计划并制订主生产计划，再将维护后的排程信息发放成厂内工单。

【实训目的】

（1）理解主生产计划的目的。

（2）掌握主生产计划的基础设置方法。

（3）掌握主生产计划的算法。

（4）掌握主生产计划的发放方法。

【实训解析】

通过实训内容，在 ERP 系统中实现如下操作：

（1）为安排本次生产，需先查询 ERP 系统的"录入资源信息""录入品号资源信息"等模块，以获得办公椅加工中心具备的产能、办公椅耗用的产能等信息。读者可自行查看相关内容。

（2）生管人员吴昊针对产能资源、假日表等信息，将 12 月份每一天的产能状况生成每日资源。

（3）吴昊对本次排程的来源在"录入排程来源"模块中进行指定。

（4）吴昊执行"生成排程计划"，依据工作中心产能的负荷，自动依照每日资源排定办公椅的生产时程。

（5）对系统自动生成的排程结果，吴昊进行调整和确认。

（6）排程确认后，吴昊将其派工给办公椅加工中心，执行"发放 MPS 工单"。

由此设计操作步骤：生成每日资源、录入排程来源、生成排程计划、维护排程计划、发放 MPS 工单。

按照上述解决方案的设计，系统环境设置如下：

时点：2014 - 12 - 5；

操作人员：008 吴昊（生管员）。

7.1.2　实训步骤

第1步：进入"主生产排程系统"界面。在如图 2 - 2 所示登录界面，以账号 008、光华家具公司，登录易飞 ERP 系统，在系统主界面（如图 2 - 3 所示）中选择"生产管理"→"主生产排程系统"，进入"主生产排程系统"界面进行相关操作，如图 7 - 2 所示。

图 7 - 2　"主生产排程系统"界面

第2步：生成每日资源并查询，准备进行 MPS 排程。

（1）生成每日资源。在系统主界面（如图 2 - 3 所示）左面树状结构中选择"生产管理"→"主生产排程系统"→"基础设置"，双击"生成每日资源"模块，进入"生成每日资源"界面进行相关操作，如图 7 - 3 所示。

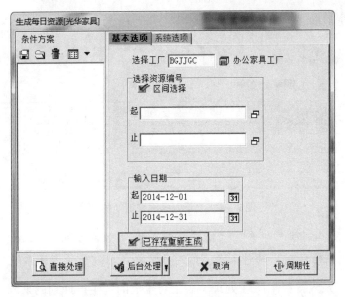

图7-3　"生成每日资源"界面

（2）查询每日资源信息。在"主生产排程系统"中单击"录入每日资源信息"模块，进入"录入每日资源"界面，单击"查询"按钮即可进行相关信息查询，其中当前产能都是40（此信息将在后续"生成排程计划"中作为产能平衡的关键因素）。读者可参看本实训配备的操作录屏或自行操作。

　　如果是重复生成每日资源，需要在"生成每日资源"界面中将"已存在重新生成"勾选，系统会将原产能信息删除，生成新的信息。

　　上述生成每日资源的依据是什么？

说明：此处理的目的是自动生成办公家具工厂在2014年12月的每一个工作日的产能。其中，休息日参考"录入假日表"的设置，每日产能信息参考"录入资源信息"和"录入品号资源信息"的设置。

第3步：录入排程来源。在"主生产排程系统"中单击"录入排程来源"模块，进入"录入排程来源"界面，按图7-4所示顺序及内容进行排程来源的增加。

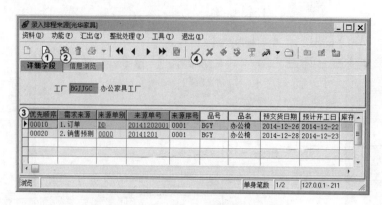

图7-4　"录入排程来源"界面

💬 "需求来源"分为"订单""销售预测"和"独立需求"三种。本实训涉及"订单"和"销售预测"两种来源，这两种需要在"销售管理子系统"中录入。

说明：执行"录入排程来源"处理，表示对生成的主生产计划的来源进行确认。

第4步：生成排程计划。在"主生产排程系统"中单击"生成排程计划"模块，进入"生成排程计划"界面，依图7-5所示进行设置，单击"直接处理"按钮即可生成排程计划。

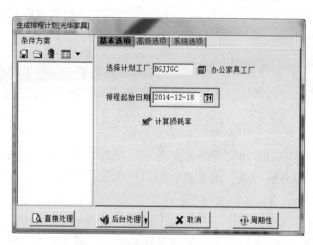

图7-5　"生成排程计划"界面

💬 "排程起始日期"选择2014-12-18。

说明：此处是依据"录入每日资源信息"的产能信息和"录入排程来源"的信息生成的排程计划。为了重点练习MPS排产环节，简化生产前的物料准备过程，本实训特意设计在2014年12月18日有一部分原材料采购到货，保证生产不出现缺料的状况，故本实训将排程起始日期设为2014-12-18。读者可到"采购管理子系统"中查询相关的采购信息。

第5步：维护排程计划。在"主生产排程系统"中单击"维护排程计划"模块，进入

"维护排程计划"界面进行排程查询，结果显示有 2 条生产任务，如图 7－6 所示。

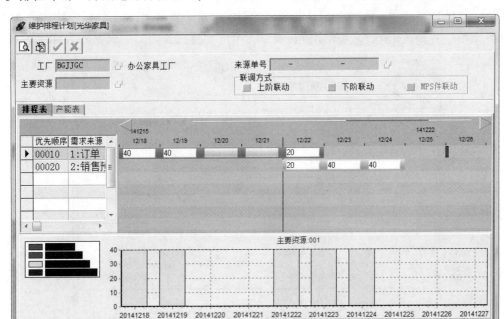

(a) 排程表

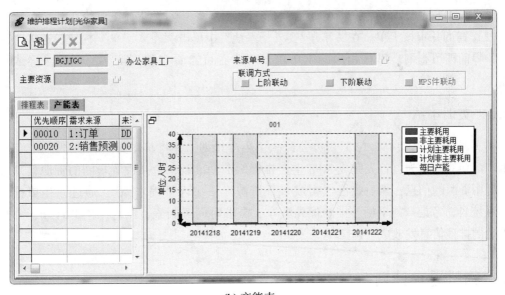

(b) 产能表

图 7－6　"维护排程计划"界面

说明：在此界面可以查询已生成的排程计划，并以甘特图的方式显示生产排程的预计开工日、完工日，以柱状图的方式显示产能耗用状况；如需调整排程信息，可单击"修改"按钮对排程的日期、产能状况进行调整。

第6步：发放 MPS 工单并查询。

（1）发放 MPS 工单。在"主生产排程系统"中单击"发放 MPS 工单"模块，进入"发放 MPS 工单"界面，依图 7 – 7 所示进行设置，单击"直接处理"完成 MPS 工单的发放。

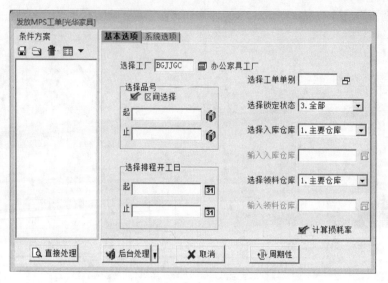

图 7 – 7　"发放 MPS 工单"界面

说明：MPS 工单发放后，将在"工单/委外子系统"中自动生成工单信息。

（2）查询并审核工单。在"工单/委外子系统"中单击"录入工单"模块，进入"录入工单"界面即可查询、审核相应的工单信息。读者可参看本实训配备的操作录屏或自行操作。

7.1.3　实训小结

本实训完成了 2014 年 12 月份办公椅的主生产计划，并将其作为生产任务发放到车间。主生产计划的逻辑为：首先完成 MPS 生产排程的前期准备，包括设置车间的资源信息及产成品耗用资源的信息；然后执行"生成每日资源""录入排程来源"，通过"生成排程计划"系统自动考虑产能平衡、排产优先顺序、需求时间等因素，制订主生产计划，并且将维护后的排程信息发放成厂内工单。

7.2　物料需求计划

企业中 MRP 系统的目标是：围绕所要生产的产成品，在正确的时间、正确的地点，按照规定的数量得到真正需要的物料，然后按照各种物料真正需要的时间来确定订货与生产日期。

7.2.1 实训概述

【实训内容】

在本实训中主要完成以下内容：

2014 – 12 – 5 发放工单后，生管人员吴昊对办公椅所用的原材料进行排产，时间范围为12月份；汇总排产的结果，在物料需求计划计算后发现，生产办公椅需要的原材料底座、座垫、螺丝零件包等现有库存量不能满足生产的需求，于是生成上述原材料的采购计划，最后生管人员吴昊将采购计划发放给采购部门。

【实训要求】

根据已发放的工单制订物料需求计划，并通过计算库存不足原材料的数量生成采购计划。

【实训目的】

（1）理解物料需求计划的意义。

（2）掌握物料需求计划的算法。

（3）掌握物料需求计划的控制方法。

【实训解析】

通过实训内容，在ERP系统中实现如下操作：

（1）通过"设置计划条件"模块，了解排产的时间范围、汇总周期等基础信息。读者可自行查看相关内容。

（2）生管人员吴昊执行"生成物料需求计划"以计算原材料的供需状况。

（3）针对库存不足的原材料执行"维护采购计划"。

（4）吴昊将确定的采购计划、MRP采购单发放到采购部门。

由此设计操作步骤：生成物料需求计划、维护采购计划、发放MRP采购单。

按照上述解决方案的设计，系统环境设置如下：

时点：2014 – 12 – 5；

操作人员：008 吴昊（生管员）。

7.2.2 实训步骤

第1步：进入"物料需求计划系统"。以账号008登录易飞ERP系统，在系统主界面（如图2 – 3所示）中选择"生产管理"→"物料需求计划系统"，进入"物料需求计划系统"界面并进行相关操作，如图7 – 8所示。

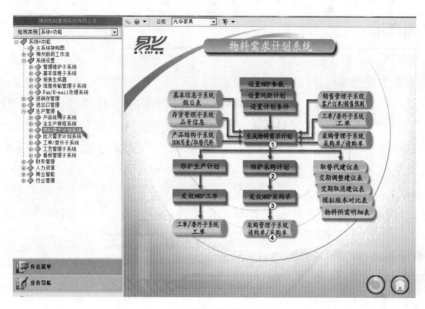

图7-8　"物料需求计划系统"界面

依照标号顺序执行物料需求计划。

第2步：生成物料需求计划。在"物料需求计划系统"中单击"生成物料需求计划"模块，进入"生成物料需求计划"界面，如图7-9所示。

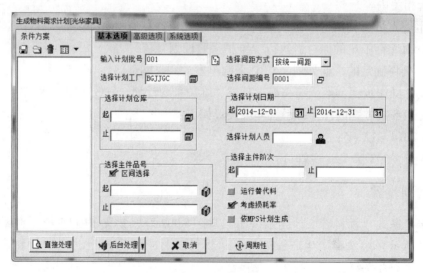

图7-9　"生成物料需求计划"界面

"输入计划批号"设定后系统按照"设置计划条件"模块中的内容代入相应的信息，如汇总方式、计划日期等。注意："依MPS计划生成"不勾选。

说明：物料需求计划是依据某一时间段内产品的现有库存量、预计出入库量计算并生成的。物料需求计划生成之后，可以通过"维护生产计划"和"维护采购计划"来查看排产结果，进一步确定需要补充的半成品和原材料。在本实训中，由于原材料库存不足，故生成相应的采购计划。

第 3 步：维护采购计划。在"物料需求计划系统"中单击"维护采购计划"模块，进入"维护采购计划"界面，做"查询"操作，如图 7 - 10 所示。

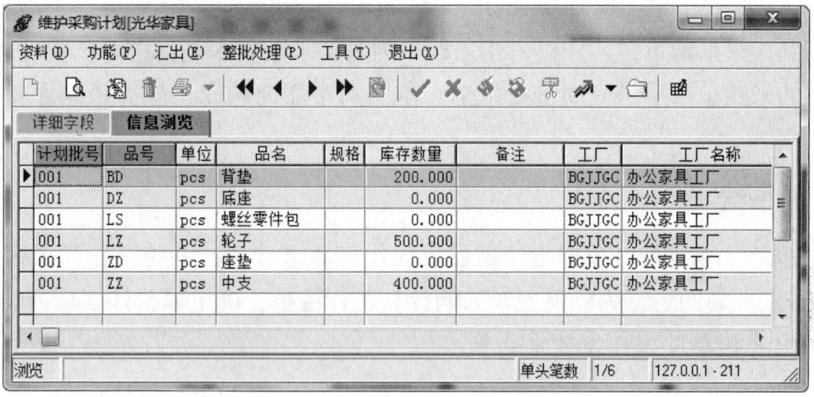

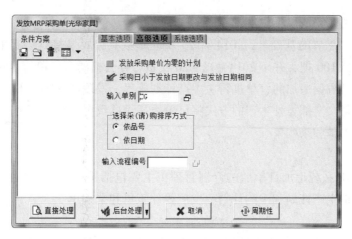

图 7 - 10　"维护采购计划"界面

说明：执行"维护采购计划"时需确认采购的"供应商"信息，否则在后续"发放MRP 采购单"时将无法发放相应信息。

第 4 步：发放 MRP 采购单并查询。

（1）发放 MRP 采购单。在"物料需求计划系统"中单击"发放 MRP 采购单"模块，进入"发放 MRP 采购单"界面，在"高级选项"页签中选择"输入单别"为"CG"，进行"直接处理"操作，如图 7 - 11 所示。

图 7 - 11　"发放 MRP 采购单"界面

"高级选项"中的"输入单别"为发放的采购单的单别，是必输项。

（2）查询采购单。

- 单击系统主界面"操作员"按钮 🧑，即进入如图 2-2 所示系统登录界面，以采购员李文 002 的身份重新登录系统。
- 在"采购管理子系统"中单击"录入采购单"模块，进入"录入采购单"界面即可进行查询。

说明：

- 查询到 3 张采购单，其中第一张采购单为月初采购货未到，由系统管理员审核。
- 发放的采购单按照供应商进行汇总。本实训中需向两家供应商采购原材料，故发放两张采购单。

7.2.3 实训小结

本实训完成了 12 月份办公椅生产排程后的物料需求计划，并将其作为采购单发放给供应商。物料需求计划的逻辑为：首先对采购计划进行维护，确定采购计划是否准确；然后执行"发放 MRP 采购单"操作发放采购单。

7.3 插单后的计划管理

企业经营过程中，客户订单的随机性很强，在已有订单且销售预测已经完成排程和执行物料计划之后，追加订单时有发生。本实训根据此信息制订批次需求计划，采用由厂方供料的委外生产，并发放委外工单和采购单。

7.3.1 实训概述

【实训内容】

在本实训中主要完成以下内容：

在 7.1 节和 7.2 节的基础上，2014-12-9 光华家具公司又接到中实集团的订货电话，要求再购买办公椅 100 把，并于 2014-12-26 交货。办公椅的含税单价为 600 元/把。

生管人员吴昊根据追加的订单进行主生产计划排程，发现产能不足不能完成任务。厂方决定采取厂方供料、全部委外生产的方式将订单委托给标致家具厂进行生产，并通过批次需求计划发放委外工单和采购单。

【实训要求】

完成易飞 ERP 系统追加订单后的计划管理，主要包括录入订单、主生产计划排程、批次需求计划，维护生产计划和采购计划，发放委外工单和采购单。

【实训目的】

（1）理解插单对生产计划产生的影响及管理思想。

（2）掌握插单后计划管理的操作方法。

（3）理解信息流的传递过程以及产生的相关变化。

【实训解析】

通过实训内容，在已经进行了主生产计划和物料需求计划并发放了工单和采购单之后，工厂接收到追加订单，在 ERP 系统中实现如下操作：

(1) 销售人员接到新的追加订单后录入订单。

(2) 接受订单后，进行主生产计划排程操作，查看产能是否充足。

(3) 由于产能不足，决定采取委外生产，生成批次需求计划。

(4) 依据生成的批次需求计划，维护生产计划和采购计划。

(5) 将工单发放成为委外工单，发放采购单进行原材料采购。

由此设计操作步骤：录入订单、主生产计划排程、生成批次需求计划、维护批次生产计划和采购计划、发放委外工单、发放采购单。

按照上述解决方案的设计，系统环境设置如下：

时点：2014 - 12 - 9；

操作人员：分角色进行相关操作，详见操作步骤。

(以下所有实训操作均分角色进行，因此当提示更改操作人员时需用不同的角色账号重新登录，进入系统完成相应操作，口令均为空。)

7.3.2　实训步骤

第 1 步：录入追加订单并查询。在如图 2 - 2 所示系统登录界面，以销售员蔡春 001 登录系统。

(1) 录入追加订单。在"销售管理子系统"中单击"录入客户订单"模块，进入"录入客户订单"界面，依图 7 - 12 所示内容进行录入，填制完成后单击"保存"按钮。

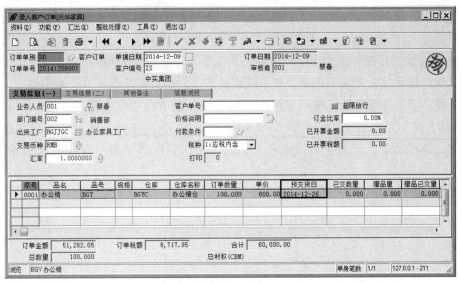

图 7 - 12　"录入客户订单"界面

⊙ 注意单身中选择品号为 BGY，特别注意订单数量、单价、预交货日、税种、预测编号等信息的填制。

（2）查询订单。在"录入客户订单"界面单击"查询"按钮，弹出查询条件对话框，直接单击"确定"按钮即可实现对所有信息的查询。选择刚做好的订单并双击，即可调出刚做好的订单进行查询。

第2步：查看每日资源信息。以账号 008 重新登录系统，在"主生产排程系统"中单击"录入每日资源信息"模块，进入"录入每日资源"界面进行查询，如图 7-13 所示。

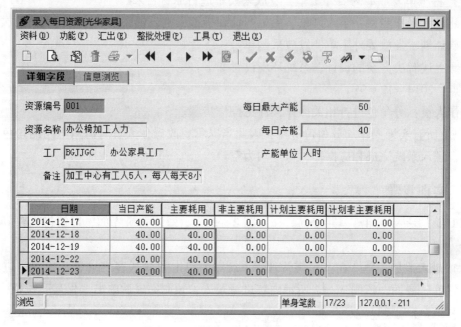

图 7-13 "录入每日资源"界面

说明：从 2014-12-18 开始，"主要耗用"为 40，说明之前第一张订单和销售预测已经进行了生产排程且发放成了工单，所以耗用的产能已经被记录在每日资源信息中了。

第3步：录入排程来源。在"主生产排程系统"中单击"录入排程来源"模块，进入"录入排程来源"界面进行查询，如图 7-14 所示。用 Ctrl + Delete 快捷键删除之前订单和销售预测的排程信息，然后新增追加订单信息，完成录入后单击"保存"按钮 ✔ 并关闭界面。

图 7 – 14　"录入排程来源"界面

🔄 录入此次排程来源前，需将之前第一张订单和销售预测的信息删除后再新增追加订单信息。

说明：先前订单和销售预测已优先排入生产计划，在每日资源中已有记录，在此不用重新生成生产计划。本次生成排程计划的来源只为插入的订单。

第 4 步：生成排程计划。在"主生产排程系统"中单击"生成排程计划"模块，进入"生成排程计划"界面，按图 7 – 15 所示选择计划工厂，排程起始日期确定为 2014 – 12 – 18，单击"直接处理"，生成排程计划后关闭该界面。

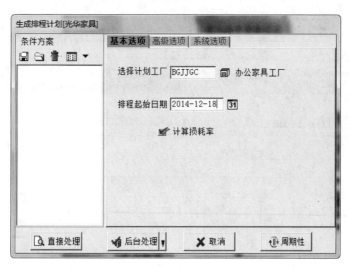

图 7 – 15　"生成排程计划"界面

🔄 排程起始日期设为 2014 – 12 – 18。

说明：从 18 日开始排产，是因为生产所需的原材料 15 日到货，可满足生产需求。为了简化本实训的原料采购环节，该采购信息特设计如此，读者可到"采购管理子系统"中自行查询。

第5步：维护排程计划。

（1）查询排程计划。在"主生产排程系统"中单击"维护排程计划"模块，进入"维护排程计划"界面，进行排程结果查询，显示有1条生产任务（即追加订单），如图7-16所示。

说明：25日开始生产，26日就要交货，不能完成生产，故生产管理人员决定将此次生产任务进行委外加工。

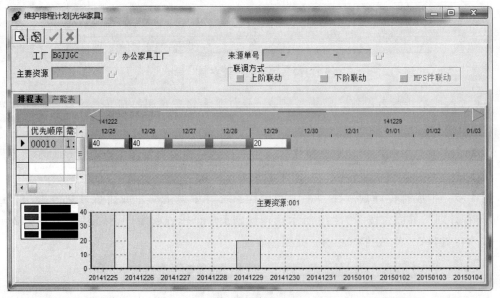

(a) 排程表

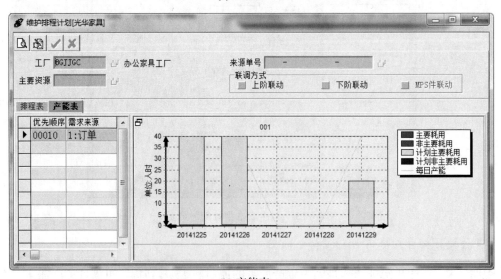

(b) 产能表

图7-16 "维护排程计划"界面1

（2）修改排程计划。单击"修改"按钮🔧，再单击排程表中的"编辑每日产能"按钮
🖳，如图 7 – 17（a）所示；在不考虑产能是否满足的情况下通过修改每日产能将完工日期
设置在交货之前，如图 7 – 17（b）所示；完毕后保存，排程表改变，如图 7 – 17（c）
所示。

　　➡ 将"编辑每日产能"中 2014 – 12 – 25 对应的数量改为 100，即订单所需产能的数量
合计。

　　说明：在不考虑产能的情况下更改每日产能的目的是使产品能在合同约定交货日之前生
产出来，之后可以通过"排程加班/外包建议表"查看建议做出决定。

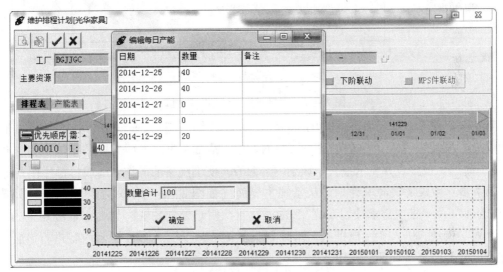

(a) 编辑每日产能

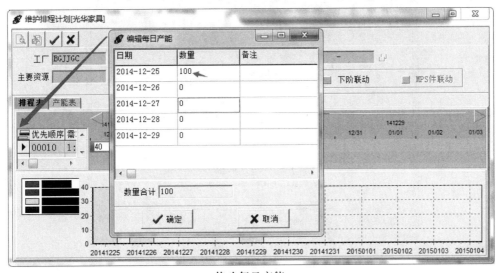

(b) 修改每日产能

141

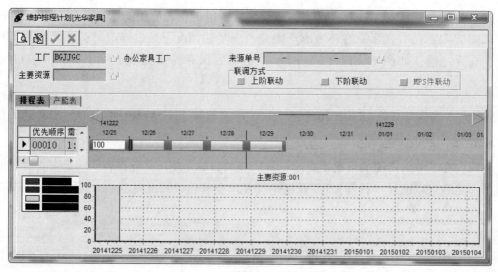

(c) 排程表

图 7 - 17   "维护排程计划"界面 2

第 6 步：查看"排程加班/外包建议表"。在"主生产排程系统"中单击"排程加班/外包建议表"模块，进入"排程加班/外包建议表"界面，选择工厂为办公家具工厂，单击"直接查询"生成报表并显示报表。详细内容参看本实训配备的操作录屏或自行操作查看。

第 7 步：生成批次需求计划。从系统主界面（如图 2 - 3 所示）左边树状结构处选择"生产管理"→"批次需求计划系统"，进入"批次需求计划系统"界面，单击"生成批次需求计划"模块，进入"生成批次需求计划"界面，依照图 7 - 18 所示内容进行设置，设置完成后单击"直接处理"按钮。

(a) "基本选项"页签

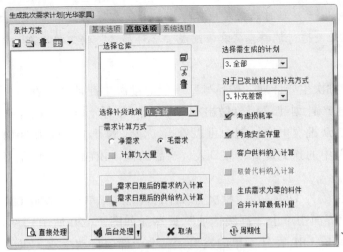

(b) "高级选项"页签

图 7 – 18　"生成批次需求计划"界面

🔜 在本系统中底色带颜色（黄色）的选项为必填项。"高级选项"页签中不需要勾选 "需求日期后的供给纳入计算"和"需求日期后的需求纳入计算"；"需求计算方式"采用"毛需求"；"选择补货政策"包含"按批补货""按需求补货"和"全部"，分别表示 LRP 计算时可考虑补货政策为 LRP、MRP 或者全部的品号。

说明：批次需求计划可针对某一张订单进行排产，特别适用于插单的生产计划。

第 8 步： 维护批次生产计划并发放 LRP 工单。

（1）按品号维护批次生产计划。

① 查询：在"批次需求计划系统"中单击"维护批次生产计划 – 按品号"模块，进入 "维护批次生产计划 – 按品号"界面，单击"查询"按钮，查询已生成的生产计划。

② 修改：单击"修改"按钮，对工单单别和委外供应商进行如图 7 – 19 所示的相应修改，修改后单击"保存"按钮，弹出对话框显示处理信息，单击"确定"按钮完成生产计划的维护，关闭该界面。

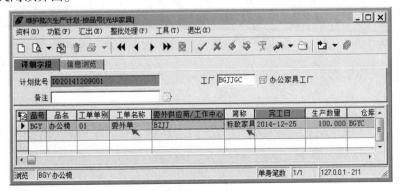

图 7 – 19　"维护批次生产计划 – 按品号"界面

"工单单别"系统会自动代入原有的"厂内加工"的工单单别。由于本次为委外加工，可在此处进行调整，将其修改成"委外加工"的工单单别，便于下一步的工单发放。

说明："维护批次生产计划－按品号"一般对批次生产计划计算后，按料件供需状况自动模拟生成的生产计划建议信息做出相应修订，可由计划者按品号查询、修正并调整其实际计划信息。从批次生产计划中可以看出，建议的开工日期为 2014－12－22，这是系统根据客户订单中的预交货日、假日表、产品结构（BOM）、产能信息等做倒推计算出来的。

（2）发放 LRP 委外工单。在"批次需求计划系统"中单击"发放 LRP 工单"模块，在"发放 LRP 工单"界面中单击"高级选项"页签（如图 7－20 所示），然后单击"直接处理"按钮（此时完成 LRP 委外工单的发放，在生产部门自动生成一张"工单"），再单击"取消"按钮关闭该界面。

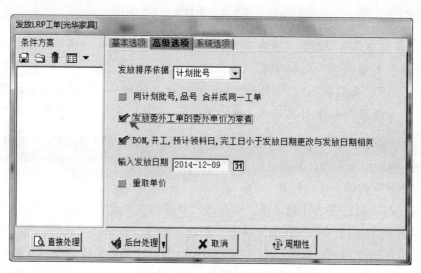

图 7－20　"发放 LRP 工单"界面

（3）查看委外工单并审核。从系统主界面（如图 2－3 所示）左边树状结构处选择"生产管理"→"工单/委外子系统"，进入"工单/委外子系统"界面，单击"录入工单"模块，进入"录入工单"界面，双击"委外单"进行查询并审核，如图 7－21 所示。

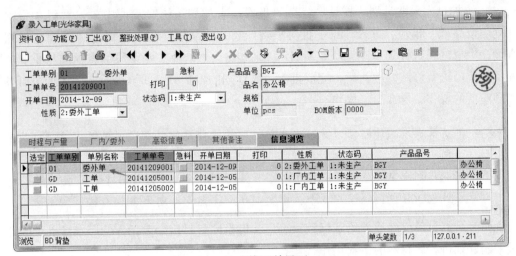

(a) 查询工单界面

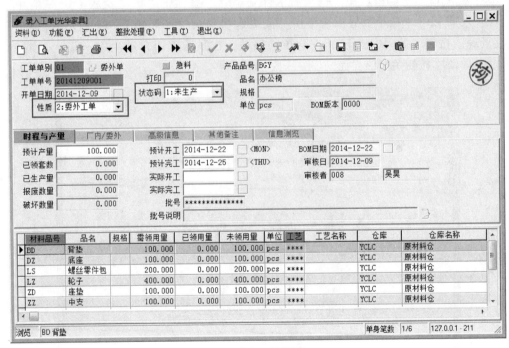

(b) 录入工单界面

图 7-21   "录入工单"界面

➡ 注意"状态码"的状态以及后续生产过程中的变化。

说明：送委外供应商处生产的工单为委外工单，厂内工单生产完毕后入库需填写生产入库单，委外工单生产完毕则填写委外进货单入库。

第 9 步：维护批次采购计划并发放 LRP 采购单。

（1）维护批次采购计划－按品号。在"批次需求计划系统"界面中单击"维护批次采购计划－按品号"模块，进入"维护批次采购计划－按品号"界面，单击"查询"按钮即可查询已生成的采购计划。注意"交货日""采购日""单价"等字段信息，如与企业实际情况不符，可进行修改。确认后，完成批次采购计划的维护并关闭该界面。操作细节可参看本实训配备的操作录屏或自行操作。

- 维护批次采购计划与维护批次生产计划的操作类似，本实训提供"维护批次采购计划－按品号"和"维护批次采购计划－按采购日"两种方式。
- 采购计划中需要嘉禾厂底座100个，座垫100个，背垫100个；需要元技厂螺丝零件包200包，轮子400个，中支100个；交货日期为2014－12－19。

说明：虽然订单已经委外给了标致家具厂，但是原材料仍由委托方的厂家提供，因此仍要做采购计划进行原材料的备料工作。

（2）发放LRP采购单。在"批次需求计划系统"界面中单击"发放LRP采购单"模块，在"发放LRP采购单"界面中单击"高级选项"页签（如图7－22所示），然后单击"直接处理"按钮（此时完成LRP采购单的发放，在采购部门自动生成一张"采购单"），再单击"取消"按钮关闭该界面。

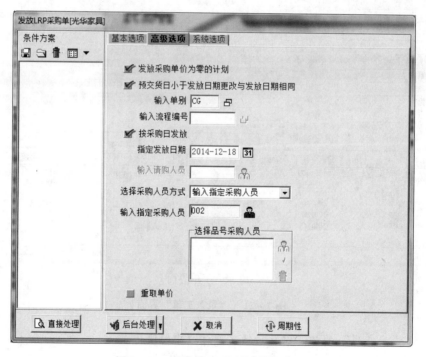

图7－22 "发放LRP采购单"界面

（3）查询并审核采购单。以采购员李文002的身份重新登录系统。在"批次需求计划系统"中单击"录入采购单"模块，进入"录入采购单"界面进行查询，选择根据追加订单发放出来的两张采购单进行审核（如图 7 – 23 和图 7 – 24 所示）。

说明：生成采购单中的供应商不同；单据为未审核状态；同日，采购人员审查采购计划，确认无误，将采购计划发放成采购单并审核。

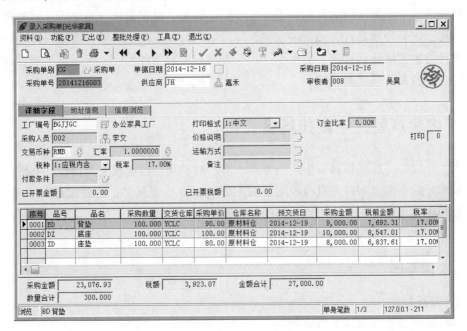

图 7 – 23　"录入采购单"界面（嘉禾）

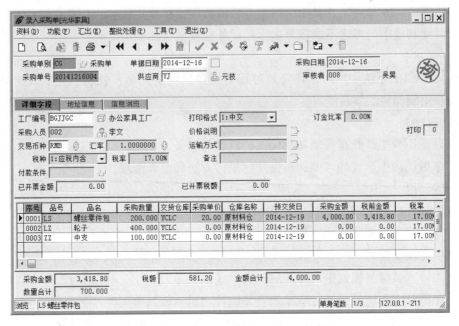

图 7 – 24　"录入采购单"界面（元技）

7.3.3 实训小结

本实训完成了对追加订单的批次需求计划管理，并将订单委外给了标致家具厂，发放了委外工单和采购单。批次需求计划和委外生产的逻辑为：产生追加订单之后，首先进行主生产排程计算，查看产能是否够用，决定是否厂内生产，如果产能不够，需要安排委外；然后对订单进行批次需求计划管理，安排生产；厂方决定采取委外生产，于是将工单发放成委外工单，同时发放采购单采购原材料。

7.4 厂内生产管理－倒扣料模式

企业生产过程一般是领料→生产→办理入库。对于某些行业或生产特性，有些料件在生产车间采用开放仓库，用料先自行取用，入库的同时再补领料单，这种情形属于自动扣料。但在部分行业生产过程中，使用倒扣料的材料领用管理方式，可于生产完工后倒算出材料使用量。

7.4.1 实训概述

【实训内容】

在本实训中主要完成以下内容：

2014－12－23生产车间的生管人员吴昊接到生产任务并录入：生产办公椅100把，12月23日开工，26日完工。其中，组装办公椅所用的螺丝零件包，仓库会整批发到车间现场，基于时间和成本的考虑不能按每次生产任务的数量单独领用。

【实训要求】

完成易飞ERP系统中厂内生产管理过程的操作：制定工单、领料、完工入库等，其中领料环节应用倒扣料的领料模式。

【实训目的】

（1）理解厂内生产管理－倒扣料模式的目的和意义。

（2）掌握厂内生产管理－倒扣料模式的执行方法和处理流程。

【实训解析】

通过实训内容，在ERP系统中实现如下操作：

（1）对生产办公椅所用的原料"螺丝零件包"进行领料方式的设置，在"录入品号信息"模块中更改设置。

（2）生管人员吴昊接到生产任务后执行"录入工单"。

（3）生产开工后，吴昊进行成批领料并执行"录入领料单"。

（4）库管员刘争执行"录入调拨单"，将不能按生产任务领用的原料调到车间现场。

（5）生产完工后，吴昊办理产成品入库并执行"录入生产入库单"。

（6）吴昊执行"自动领料"，将不能按生产任务领用的原料按照产成品的产量倒算出原料的用料，自动生成相应的领料单。

由此设计操作步骤：录入品号信息、录入工单、录入领料单、录入调拨单、录入生产入库单、自动领料。

按照上述解决方案的设计，系统环境设置如下：

时点：2014 – 12 – 23；

操作人员：008 吴昊（生管员）。

7.4.2   实训步骤

第 1 步：更改领料码，对螺丝零件包的领料模式进行设置。在"存货管理子系统"界面中单击"录入品号信息"模块，进入"录入品号信息"界面，单击"修改"按钮，将品名"螺丝零件包"对应"生管"业签中办公椅的"领料码"字段更改为"自动扣料"，修改后单击"保存"按钮，如图 7 – 25 所示。

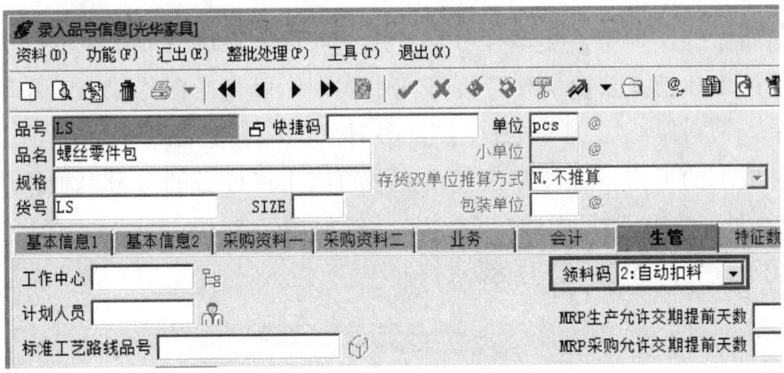

图 7 – 25   "录入品号信息"界面

说明：由于组装"办公椅"用到的"螺丝零件包"不能按每次生产任务的数量单独领用，基于时间和成本的考虑，仓库会整批发到车间现场。所以，"螺丝零件包"的领料方式不同于其他原材料的领用，需要将其"领料码"设置为"自动扣料"，而其他原料的"领料码"为"逐批领料"。该设置将影响生产业务中的领料流程。

第 2 步：录入工单。工单录入信息：生产办公椅 100 把，12 月 23 日开工，26 日完工。

在系统主界面（如图 2 – 3 所示）中选择"生产管理"→"工单/委外子系统"，在"工单/委外子系统"界面中单击"录入工单"模块，进入"录入工单"界面，单击"新增"按钮进行录入，填制完成后单击"保存"按钮，如图 7 – 26 所示。

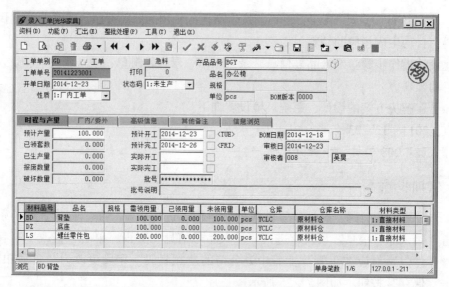

图 7-26　"录入工单"界面

说明：之前所做的实训中，生产任务均是由生产计划系统发放出来的。为简化生产计划排产的流程，生产 100 把办公椅的生产任务在本实训中可直接在"录入工单"中录入。

第 3 步：录入领料单。12 月 23 日生产任务开工，吴昊到原材料仓库领 100 套办公椅的料。基于时间和成本的考虑，螺丝零件包不能按每次生产任务的数量单独领用。

在"工单/委外子系统"界面中单击"录入领料单"模块，进入"录入领料单"界面，进行新增操作并审核，如图 7-27 所示。

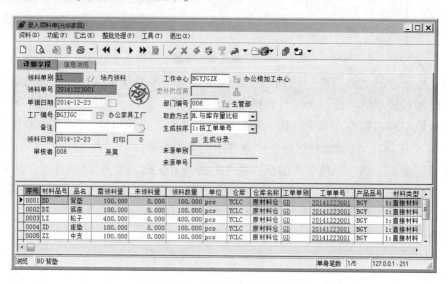

图 7-27　"录入领料单"界面

录入领料单单身时，系统自动弹出开窗，在"工单单别"和"工单单号"处选择本次领料所针对的工单单别、单号，然后系统根据此信息自动代入相关的领料信息。

说明：更新工单已领套数，用于设定领料单上的领料套数是否更新工单单头的已领套数。

第4步：录入调拨单。仓库管理员刘争将螺丝零件包按1 000 包/批进行发放，使其从原料仓整批调拨到现场。

（1）切换实训环境。时点：2014 - 12 - 23；操作人员：003 刘争。

（2）在"存货管理子系统"中单击"录入调拨单"模块，进入"录入调拨单"界面进行新增操作，如图7 - 28 所示。

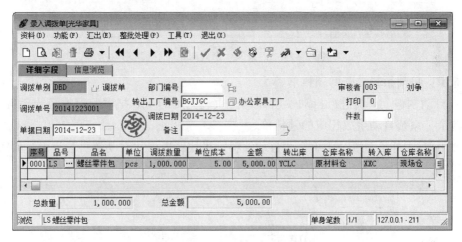

图7 - 28　"录入调拨单"界面

说明：调拨单的作用是将"螺丝零件包"从原材料仓库调拨至车间现场，以便生产过程的耗用。

第5步：录入生产入库单。2014 - 12 - 26，100 把办公椅完工，办理完工入库。

（1）切换实训环境。时点：2014 - 12 - 26；操作人员：008 吴昊。

（2）在"工单/委外子系统"中单击"录入生产入库单"模块，进入"录入生产入库单"界面进行新增操作，如图7 - 29 所示。

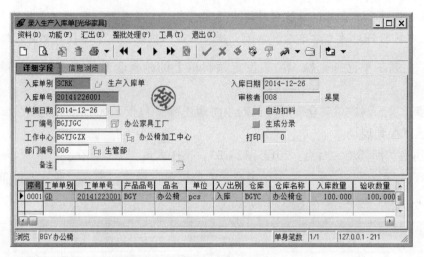

图 7 – 29　"录入生产入库单"界面

第 6 步：自动领料并查询领料单。

（1）自动领料。吴昊进行自动领料处理，通过完工的 100 把办公椅推算出消耗螺丝零件包的数量，系统自动生成相应的领料单。

在"工单/委外子系统"中单击"自动领料"模块，进入"自动领料"界面，如图 7 – 30 所示。

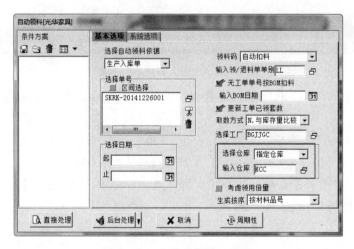

图 7 – 30　"自动领料"界面

说明："自动领料"的前提是：BOM 用料标准需存在、入库或进退货单需审核。已进行了扣料业务，在生产入库单、委外进货单的"自动扣料"项会打勾，本实训是在生产入库单中，读者可自行查询。自动生成的领料单，其"备注"栏会记录生产入库单或者委外进货单的号码。由于"自动领料"是按照 BOM 结构中或者工单中的标准用料信息进行扣料的，所以如果实际领料数量发生了超耗领用，须自行补单处理。

（2）查询领料单。在"工单/委外子系统"中单击"录入领料单"模块，进入"录入领料单"界面查看螺丝零件包的领料记录。详细请参看本实训配备的操作录屏。

7.4.3　实训小结

本实训完成了厂内生产管理－倒扣料模式的流程：针对无法按照工单领用的原材料，将其设置为"自动扣料"。生产过程中下发生产任务工单后，车间人员至仓库针对生产任务工单进行领料。此时领用的原料均为"逐批领用"的原料，而需要"自动扣料"的原料应先调拨到车间现场供生产使用，在产品完工入库时，通过"自动领料"处理系统按照标准用量倒扣该原材料的用量。

需要注意的是，自动生成的领料单的数量与实际消耗的数量存在差异，所以车间现场需按仓库模式管理，定期落实盘点并调整差异数量。

7.5　委外加工管理－供应商供料模式

普通委外加工业务，企业需要向委外加工商下达生产任务和加工要求，加工商至委托方仓库领料后再进行加工，完工后进行委外进货处理，最终财务向加工商结算委外加工费。但对于委外加工商包工包料的业务，即委外加工管理－供应商供料模式，委托方不仅需要向对方结算加工费用，还要结算原料的费用。

7.5.1　实训概述

【实训内容】

在本实训中主要完成以下内容：

2014－12－23生产车间的生管人员吴昊接到生产任务，26日需完工办公椅100把。由于车间产能有限，将此生产任务外包给委外加工商嘉禾加工厂生产，办公椅的委外单价为80元/把，其中组装办公椅用到的零配件均由嘉禾加工厂提供。

【实训要求】

完成易飞ERP系统中委外生产过程的操作：制定委外工单、委外领料、委外进货等，其中原料由委外加工商提供，通过"厂供料自动领料"完成业务流程。

【实训目的】

（1）理解委外加工管理－供应商供料模式的业务模式。

（2）理解委外加工管理－供应商供料模式的目的和意义。

（3）掌握委外加工管理－供应商供料模式的执行方法。

【实训解析】

通过实训资料，在ERP系统中实现如下操作：

（1）对生产办公椅用到的原料，根据委外模式设置材料类型。

（2）生管人员吴昊接到生产任务，确认委外加工后执行"录入工单"。

（3）委外加工完工后，吴昊办理产成品入库并执行"录入委外进货单"。

（4）最后吴昊执行"厂供料自动领料"处理，系统自动生成相应的进货单和委外领料单，完成委外加工管理 – 供应商供料模式的业务流程。

由此设计操作步骤：录入 BOM、录入工单、录入委外进货单、厂供料自动领料。

按照上述解决方案的设计，系统环境设置如下：

时点：2014 – 12 – 23；

操作人员：008 吴昊（生管员）。

7.5.2　实训步骤

第1步：录入 BOM。从系统主界面（如图2 – 3 所示）左边树状结构处选择"生产管理"→"产品结构子系统"，进入"产品结构子系统"界面，单击"录入 BOM"模块，进入"录入 BOM"界面（如图 7 – 31 所示），设置组装办公椅用到的零配件的"材料类型"为"供应商供料"。

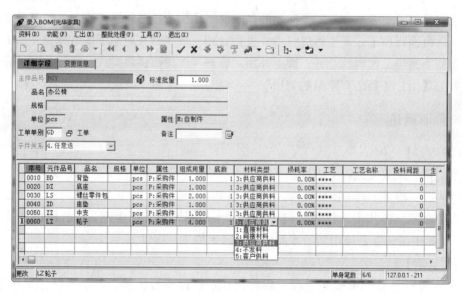

图 7 – 31　"录入 BOM"界面

说明：BOM 信息中的"材料类型"设置为"供应商供料"，表示产成品办公椅用到的原材料是由委外加工商提供的，而不是由厂家自主备料，该设置将会影响委外加工业务的领料流程。

第2步：录入工单。12 月 23 日生管人员吴昊进行"录入工单"处理，录入委外生产任务，由嘉禾加工厂生产办公椅 100 把，26 日完工交货。在"工单/委外子系统"中单击"录入工单"模块，进入"录入工单"界面进行新增操作，如图 7 – 32 所示。

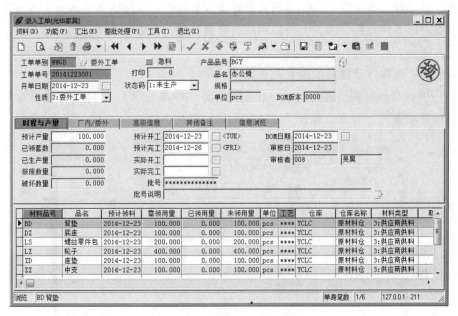

图 7-32   "录入工单"界面

第 3 步：录入委外进货单。组装办公椅的零部件均由委外加工商嘉禾加工厂供料，不需要进行委外领料。在 12 月 26 日，委外加工完工，嘉禾加工厂将 100 把办公椅运送至办公椅仓库。在"工单/委外子系统"中单击"录入委外进货单"模块，进入"录入委外进货单"界面进行新增操作，如图 7-33 所示。

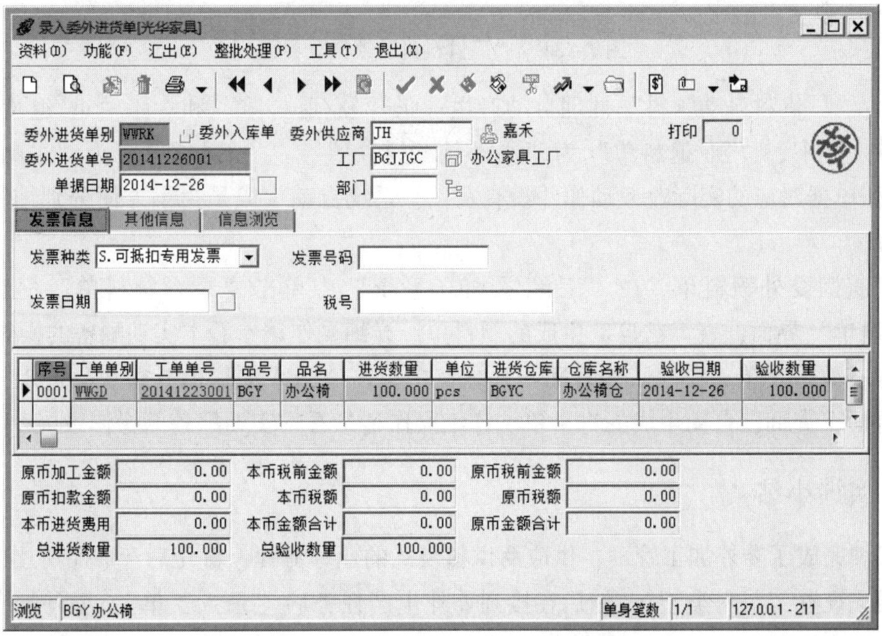

图 7-33   "录入委外进货单"界面

说明：委外加工业务完工后需要录入委外进货单并办理成品入库。注意：在委外进货之前，并没有进行委外领料，因为办公椅用到的原材料均由委外加工商提供，委外加工商不需要到委托方领料。

第4步：厂供料自动领料的设置及查询。

（1）厂供料自动领料。在"工单/委外子系统"中单击"厂供料自动领料"模块，进入"厂供料自动领料"界面，按图7-34所示进行操作。

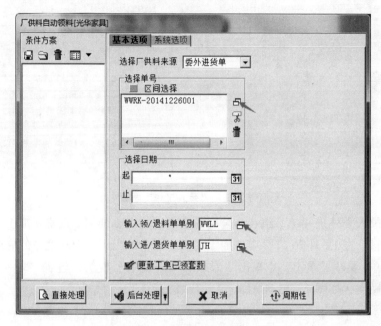

图7-34　"厂供料自动领料"界面

说明："厂供料自动领料"处理自动产生一张"领/退料单"和一张"进/退货单"，以结算货款。其中，"领/退料单"为"委外领/退料单"，"进/退货单"为"采购进/退货单"，两张单据对应的实际业务动作并没有发生，系统自动生成是为了方便分别结算加工费和原料费。

（2）查询委外领料单。在"工单/委外子系统"中单击"录入领料单"模块，进入"录入领料单"界面，查询已自动生成的领料单。详细操作请参看本实训配备的操作录屏。

（3）查看进货单。在"采购管理子系统"中单击"录入进货单"模块，进入"录入进货单"界面，查询已自动生成的进货单。详细操作请参看本实训配备的操作录屏。

7.5.3　实训小结

本实训完成了委外加工管理－供应商供料模式的业务流程：首先对产成品所用的原料根据加工模式设置"材料类型"；然后在接到委外生产任务后"录入工单"；委外加工完工办理产成品入库执行"录入委外进货单"；最后通过"厂供料自动领料"处理，系统自动生成相应的"进货单"和"委外领料单",两张单据对应的实际业务并没有发生,只是用于结算加工费和原料费。

7.6　委外工序管理

委外加工一般分为工序委外加工和成品委外加工两种模式。工序委外加工是指将在制品运到委外加工商处进行某一道加工工序的生产模式。其中,生产工序有公司内工序流转,也有委外加工工序,这样的加工模式是离散型制造企业典型的生产方式。

7.6.1　实训概述

【实训内容】

在本实训中主要完成以下内容:

2014－12－23 生产车间的生管人员吴昊接到生产任务,需在 26 日完工办公椅 100 把,需要经过打磨、喷漆、组装 3 道工序。由于车间产能有限,将此生产过程中的喷漆工序外包给委外加工商元技工业公司。

【实训要求】

完成车间生产中委外工序管理的操作:制定工单、从产品工艺自动生成工单工艺、录入投产单、录入转移单、录入入库单,其中工序之间的转移涉及委外加工工序的转移。

【实训目的】

(1) 理解委外工序管理的模式和意义。

(2) 掌握委外工序管理的执行方法。

(3) 掌握委外工艺流转的监控和记录方法。

【实训解析】

通过实训内容,在 ERP 系统中实现如下操作:

(1) 在"录入工艺信息"和"录入产品工艺路线"模块中查询加工办公椅用到的工艺、工艺路线等信息。

(2) 生管人员吴昊接到生产任务后执行"录入工单"。

(3) 吴昊将生产任务派工到车间的各道工序上,执行"从产品工艺自动生成工单工艺"。

(4) 生产开工,吴昊执行"录入投产单"和"从投产单自动生成领料单",通过领料单完成原料的领用。

(5) 工序完工,通过执行"录入转移单"实现工序之间的转移,包括委外工序。

(6) 生产完工后,吴昊执行"录入入库单",同步生成的生产入库单增加了产成品的库存,完成了完工入库环节。

由此设计操作步骤:查询工艺信息、查询产品工艺路线、录入工单、从产品工艺自动生成工单工艺、录入投产单、从投产单自动生成领料单、录入入库单。

按照上述解决方案的设计，系统环境设置如下：

时点：2014 – 12 – 23；

操作人员：008 吴昊（生管员）。

7.6.2 实训步骤

第1步：查询工艺信息。登录易飞 ERP 系统，在系统主界面（如图 2 – 3 所示）中选择"系统设置"→"基本信息子系统"→"基础设置"，双击"录入工艺信息"模块并进入"录入工艺信息"界面，查询有 3 种工艺：打磨、喷漆和组装，将喷漆这道工艺的性质设置为"委外"。详细操作请参看本实训配备的操作录屏。

第2步：查询产品工艺路线及品号信息。

（1）查询产品工艺路线。在"产品结构子系统"中单击"录入产品工艺路线"模块，进入"录入产品工艺路线"界面设置办公椅的加工工艺路线，然后在该界面中查询对应的工艺路线信息，如图 7 – 35（a）所示。

（2）查询品号信息。在"存货管理子系统"中单击"录入品号信息"模块，进入"录入品号信息"界面设置办公椅的工艺路线品号，然后在该界面中查询对应的品号信息，如图 7 – 35（b）所示。

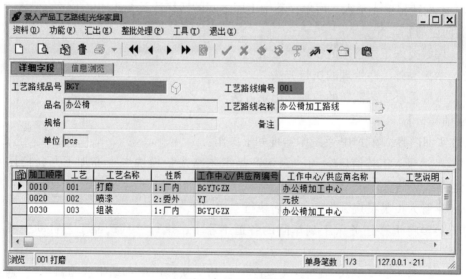

(a)"录入产品工艺路线"界面

158

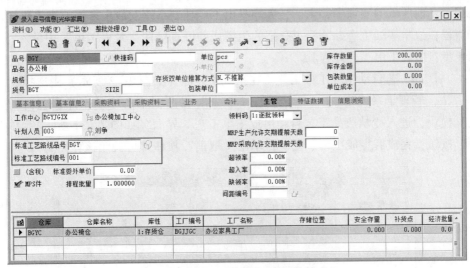

(b) "录入品号信息"界面

图 7 – 35　查询产品工艺路线及品号信息

说明：一件产品的生产通常要经过多道生产工序，所以产品设计人员必须针对每一项产品制定其标准工艺及对应每道工序加工的工作中心，还要对各工艺在工作中心加工所需耗费的人工小时或机器小时、转移批量及生产天数设置标准。本实训不涉及人工小时或机器小时的应用。

第 3 步： 录入工单。12 月 23 日吴昊录入生产任务：生产办公椅 100 把，26 日完工。

在"工单/委外子系统"中单击"录入工单"模块，进入"录入工单"界面（如图 7 – 36所示）进行录入，填制完成后单击"保存"按钮。

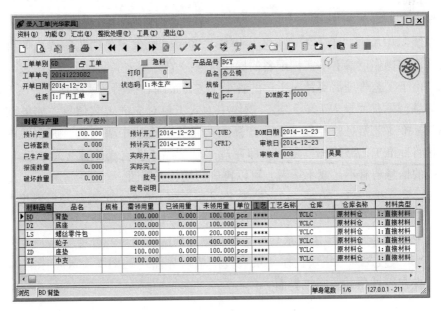

图 7 – 36　"录入工单"界面

说明：之前所做的实训中，生产任务均是由生产计划系统发放出来的。为简化生产计划排产的流程，故本实训生产办公椅100把的生产任务可直接在"录入工单"中录入。

第4步：生成工单工艺并查看。

（1）从产品工艺自动生成工单工艺。在系统主界面（如图2-3所示）中选择"生产管理"→"工艺管理子系统"，在"工艺管理子系统"界面中单击"从产品工艺自动生成工单工艺"模块，进入"从产品工艺自动生成工单工艺"界面（如图7-37所示），单击"直接处理"按钮，完成后生成工单工艺，再单击"取消"按钮即可关闭该界面。

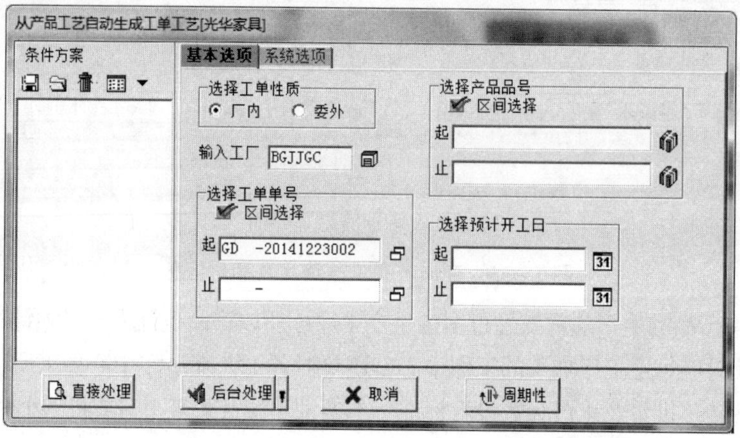

图7-37　"从产品工艺自动生成工单工艺"界面

（2）查询工单工艺。经过前述操作生成的工艺派工信息已经发放到各工序的加工车间，需查询派工信息。

在系统主界面（如图2-3所示）中选择"生产管理"→"工艺管理子系统"，在"工艺管理子系统"中单击"录入工单工艺"模块，进入"录入工单工艺"界面即可查看工艺派工信息。详细操作请参看本实训配备的操作录屏。

说明：由于工艺管理需要针对工单的各个工艺做追踪和控制，就必须针对该工单录入各个工艺的信息，可在"录入工单工艺"模块中输入工单对应的工艺信息；如果该工单所生产的产品的标准工艺信息曾经在"录入产品工艺路线"模块中输入过，那么工单工艺的信息可以直接将标准工艺路线加以复制，即通过"从产品工艺自动生成工单工艺"实现，对于复制生成的信息若有不足或不适者，可以再进行增补或删改。

第5步：录入投产单。2014-12-23生产开工，将100把办公椅的原材料投入到第一道工序——打磨。

从系统主界面（如图2-3所示）左边树状结构处选择"生产管理"→"工艺管理子系统"，单击"录入投产单"模块，在"录入投产单"界面（如图7-38所示）新增相关信息，单击"保存"按钮并关闭该界面。

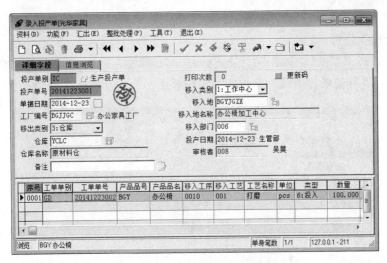

图 7-38 "录入投产单"界面

说明：第一道工序的开工需"录入投产单"，投产单审核后，与工单工艺相关的生产开工信息会被更新，可自行查询。

第 6 步：从投产单自动生成领料单并查询。

（1）从投产单自动生成领料单。在"工艺管理子系统"中单击"从投产单自动生成领料单"模块，进入"从投产单自动生成领料单"界面（如图 7-39 所示），单击"直接处理"按钮生成领料单，完成后关闭该界面。

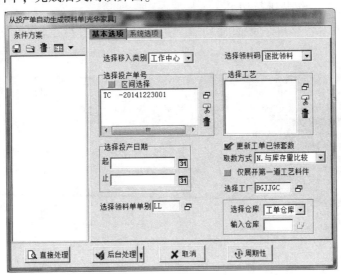

图 7-39 "从投产单自动生成领料单"界面

（2）查询领料单。在"工单/委外子系统"中单击"录入领料单"模块，进入"录入领料单"界面，单击"查询"按钮即可查看已生成的领料单。

第 7 步：录入转移单。

（1）2014 - 12 - 24 第一道工序——打磨完工，将半成品转给第二道工序——喷漆的委外加工商元技工业公司。

在"工艺管理子系统"中单击"录入转移单"模块，进入"录入转移单"界面（如图7 - 40所示）进行新增并审核，完成后关闭该界面。

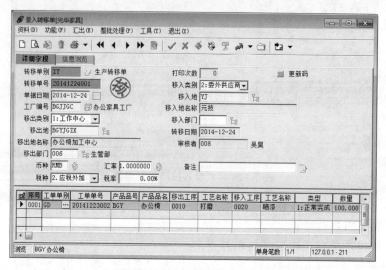

图7 - 40　"录入转移单"界面——转到第二道工序

（2）2014 - 12 - 25 第二道工序完工，委外加工商元技工业公司将半成品送回，再将其转移到第三道工序——组装进行加工。

再次进入"录入转移单"界面（如图7 - 41 所示）进行新增并审核，完成后关闭该界面。

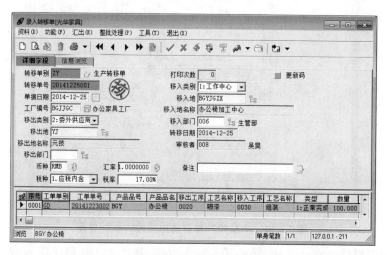

图7 - 41　"录入转移单"界面——转到第三道工序

说明：对于各工作中心的生产记录，应该由各工作中心的人员或领班如实填写，然后利用"录入转移单"输入易飞 ERP 系统；此时系统将自动把所对应的工单工艺的实际完成数量及实际投入工时等信息立刻更新。因此，在转移记录信息输入后，各工单工艺的生产进度立刻反映最新的状态，在工序转移过程中可在"录入工单工艺"界面查询相关信息。当工艺路线中存在委外加工的工序，委外工序的转移也是通过转移单完成的，但需注意移入、移出的类别为"委外供应商"，而不是厂内工序的"工作中心"。

第 8 步：录入入库单。12 月 26 日 100 把办公椅在第三道工序——组装完工，办理完工入库。

在系统主界面（如图 2 - 3 所示）中选择"生产管理"→"工艺管理子系统"，进入"工艺管理子系统"界面，单击"录入入库单"模块，进入"录入入库单"界面（如图 7 - 42所示）进行新增并审核。同时，通过"工单/委外子系统"→"录入生产入库单"可查询相应的入库记录。详细操作请参看本实训配备操作录屏。

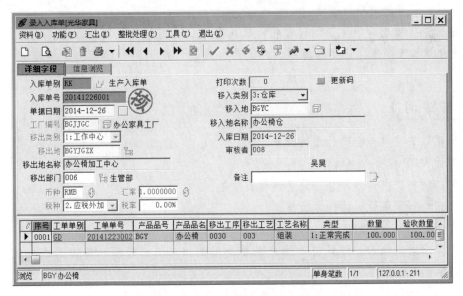

图 7 - 42　"录入入库单"界面

说明：最后一道委外加工工序完工将会在"工单/委外子系统"中自动生成委外进货单，厂内最后一道工序生产完毕自动生成生产入库单，节省输入单据时间，并且增加了产成品的库存数量。

7.6.3　实训小结

本实训完成了委外工序管理的生产流程：工艺加工的流程同之前的厂内工序加工，即工单、工单工艺、投产单、转移单、入库单等信息的录入方式均相同。需要注意的是，如果工艺路线中存在委外工序，那么该工序的转移是从工作中心转移至委外加工商的，加工完毕后，再由委外加工商转回至工作中心。

本章小结

本章实训在生产管理的"主生产排程系统""物料需求计划系统""批次需求计划系统""工单/委外子系统"和"工艺管理子系统"中模拟了几个有特色的生产业务流程，涉及主生产计划、物料需求计划、插单后的计划管理、厂内生产管理－倒扣料模式、委外加工管理－供应商供料模式以及委外工序管理。

需要重点理解的是：

1. 对于插单的订单，首先需要考虑厂内产能是否够用，如产能不足，可以进行"加班"或"委外加工"处理（本实训决定委外生产并采用厂方供料模式提供给委托方原材料）；然后进行批次需求计划，可发放 LRP 委外工单和采购单。

2. 厂内生产管理－倒扣料模式：料件对于生产车间采用开放仓库，用料先自行取用，于生产完工后倒算出材料使用量。

3. 委外加工管理－供应商供料模式：针对委外加工商包工包料的业务，委托方不仅需要向对方结算加工费用，还要结算原料的费用，通过"厂供料自动领料"实现整个流程的控制。

思考与练习

1. 说明销售订单与生产计划的关系。

2. 简述 MRP 在企业中的作用。

3. 制订物料需求计划所需要的资料都有哪些？

4. 简述物料需求计划的计算过程。

5. 说明外购与自产的区别。

6. 为什么对于油漆、螺丝钉类的产品要使用倒扣料模式管理？若使用成批领料模式，对后续业务有何影响？

7. 供应商供料的委外加工是否可以视同采购业务处理？有何区别？

实训 8　应收与应付管理

应收应付账款的管理是对企业进销等业务发生的往来账款的管理，是财务管理的一项重要内容。本实训共设置 3 个专项功能实训：预收/预付账款管理、应收应付对冲管理和应收应付账款调汇管理。通过实训，可以强化对企业往来账款管理的理解，进一步掌握往来账款的处理方法。

学习目标

1. 掌握 ERP 系统中应收应付管理的日常操作方法。
2. 理解应收应付账款的立账及冲账方法。
3. 理解预收预付账款的立账及冲账方法。
4. 了解应收应付账款的对冲方法。
5. 了解应收应付账款的期末调汇方法。

学习框架

应收与应付管理是财务管理的重要组成部分，主要包括预收/预付账款管理、应收应付对冲管理、应收与应付账款调汇管理。如图 8－1 所示为本章学习框架。

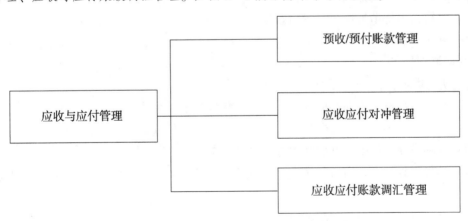

图 8－1　学习框架图

预付管理为预付、应付账款的立账冲账流程，应收应付对冲管理处理客户应收账款和供应商应付账款的对冲业务，应收应付账款调汇管理主要处理调整外币汇率业务。

8.1　预收/预付账款管理

预收/预付账款管理是企业资金往来业务的一项重要内容。由于预收账款管理与预付账款管理在 ERP 系统处理中操作类似，故本节实训以预付账款管理为例进行相关操作介绍，即通过提前预付定金的采购进货业务，完成预付账款、应付账款、付尾款的一系列业务流程。

8.1.1　实训概述

【实训内容】

在本实训中主要完成以下内容：

2014 - 12 - 26 采购业务员李文向供应商嘉禾加工厂订货，需求背垫 100 个、单价 90 元/个，中支 150 个、单价 70 元/个，总采购金额为 19 500 元，预计在 28 日交货，随货附发票，需预付定金 3 000 元；29 日货到，库管员刘争办理入库，应付会计李丽根据发票确认应付账款 19 500 元，并办理尾款 16 500 元的支付。

【实训要求】

完成预付账款的立账、应付账款的立账及预付、应付账款的冲账等流程，主要包括录入采购单、录入付款单、录入进货单、审核采购发票、再次录入付款单等。

【实训目的】

（1）掌握预付账款的立账方式。

（2）掌握正常应付账款的立账方式。

（3）掌握付款环节冲应付、预付账款的方法。

（4）掌握预收账款的管理。

【实训解析】

通过实训内容，在 ERP 系统中实现如下操作：

（1）采购业务员李文向供应商订货，将订货信息录入采购单。

（2）会计李丽根据合同，向供应商预付定金并录入付款单。

（3）货到，库管员刘争办理入库并录入进货单。

（4）随货付发票，入库后系统自动生成采购发票，李丽在"录入采购发票"模块中查询确认。

（5）李丽付尾款并录入付款单。

由此设计操作步骤：录入采购单、录入付款单、录入进货单、审核采购发票、再次录入付款单。

按照上述解决方案的设计，系统环境设置如下：

时点：2014 - 12 - 26；

操作人员：002 李文（采购人员）。

8.1.2 实训步骤

第1步：录入采购单。12 月 26 日采购业务员李文向嘉禾加工厂订货，需求背垫 100 个、90 元/个，中支 150 个、70 元/个，总采购金额 19 500 元，预计在 28 日交货。

登录易飞 ERP 系统，在系统主界面（如图 2 – 3 所示）中选择"进销存管理"→"采购管理子系统"，进入"采购管理子系统"界面，单击"录入采购单"模块，进入"录入采购单"界面，单击"新增"按钮即可进行相关信息录入，如图 8 – 2 所示。

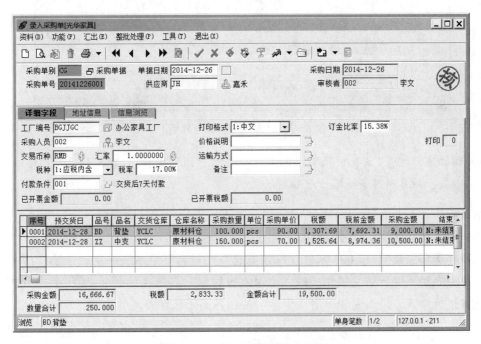

图 8 – 2 "录入采购单"界面

第2步：录入付款单。12 月 26 日，应付会计李丽向嘉禾加工厂预付定金 3 000 元。

选择"光华家具"，以 005 账号（应付会计李丽）重新登录系统。在系统主界面（如图 2 – 3 所示）中选择"财务管理"→"应付管理子系统"，进入"应付管理子系统"界面，单击"录入付款单"模块，进入"录入付款单"界面（如图 8 – 3 所示），单击"新增"按钮进行录入，录入完成单击"保存"按钮并关闭该界面。

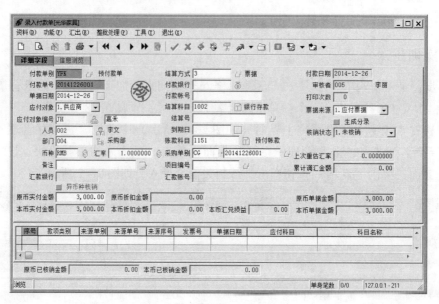

图 8-3　"录入付款单"界面 1

预收定金时，"录入付款单"的单别应选择"预付款单"；账款科目表示增加了预付账款；结算科目表示减少了银行存款。

第 3 步：录入进货单。12 月 29 日，嘉禾加工厂送货，随货附发票，仓库管理员刘争办理入库，并依据发票确立应付账款。

选择"光华家具"，以 003 账号（库管员刘争）重新登录系统。在"采购管理子系统"界面中单击"录入进货单"模块，进入"录入进货单"界面（如图 8-4 所示），单击"新增"按钮进行录入，录入完成单击"保存"按钮并关闭该界面。

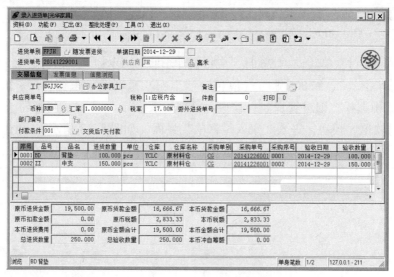

图 8-4　"录入进货单"界面

说明：随货附发票业务是指进货验收后，财务就根据发票等原始凭证确立应付账款，即进货单审核后，自动生成对应的采购发票，前提是在"设置采购单据性质"界面中，该进货单设置了"直接开票"功能。

如果进货单在单据性质中没有设置"直接开票"功能，本实例的流程应该如何？

第 4 步：审核采购发票。12 月 29 日，应付会计李丽依据进货信息，确立应付账款为 19 500元。

在"应付管理子系统"界面中单击"录入采购发票"模块，进入"录入采购发票"界面，单击"查询"按钮，依据进货单号 FPJH – 20141229001 查询对应的采购发票，单击"审核"按钮进行确认。

第 5 步：再次录入付款单。12 月 30 日，应付会计李丽对本次进货进行付款，进货总金额为 19 500 元，因已付定金 3 000 元，故只需支付尾款 16 500 元。

在"应付管理子系统"界面中单击"录入付款单"模块，进入"录入付款单"界面，录入付款信息如图 8 – 5 所示。

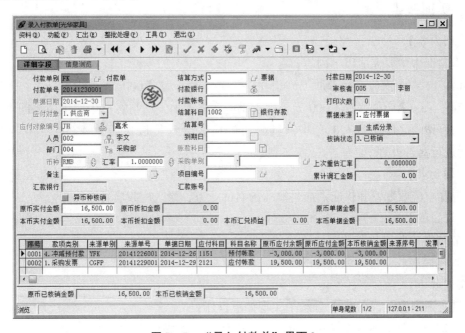

图 8 – 5　"录入付款单"界面 2

- 冲预付账款时，"录入付款单"的单身应选择"款项类别"为"4. 冲减预付款"，对应的"来源单别""来源单号"分别选择本实训第 2 步生成的预付款单的单别、单号。
- 单头"原币实付金额"一般需输入收到尾款的金额；单身"预付账款"科目金额为负，意为将应付账款冲账。

8.1.3 实训小结

本实训完成了预付账款管理的业务流程。通过本实训，读者可掌握预付账款的确立和冲账方法，理解预付款单在预付流程中的作用和意义。预收账款的管理流程可参考预付账款流程的步骤进行学习，以便进一步掌握预收账款的确立和冲账方法。

8.2 应收应付对冲管理

企业经营过程中，经常会出现企业的客户、供应商同为一家实体，或者企业本方、客户、供应商形成"三角往来账务"关系等状况。如果任一方往来业务不畅，容易导致"三角债"的发生，企业坏账得不到解决，从而严重影响企业的经营。对"三角往来账务"业务的管理也是企业资金往来业务管理中一项重要内容。本节实训主要完成客户应收账款与供应商应付账款的对冲业务，进一步冲销原应付账款和应收账款。

8.2.1 实训概述

【实训内容】

在本实训中主要完成以下内容：

2014 - 12 - 23 供应商嘉禾加工厂确立了一笔应付账款 4 000 元，2014 - 12 - 24 客户中实集团确立了一笔应收账款 4 000 元。由于供应商嘉禾加工厂与客户中实集团之间也存在往来账款，所以 2014 - 12 - 26 光华家具公司的应收会计将应付账款 4 000 元和应收账款 4 000 元进行对冲处理。

【实训要求】

完成客户应收账款和供应商应付账款的对冲业务，录入应收应付冲账单。

【实训目的】

（1）理解应收应付账款对冲的意义。

（2）掌握应收应付账款对冲的方法。

【实训解析】

通过实训内容料，在 ERP 系统中实现如下操作：

（1）应付会计李丽根据采购进货业务，确认应付账款并录入应付凭单。

（2）应收会计秦国庆根据销售出库业务，确认应收账款并录入结账单。

（3）应收应付进行对冲，应收会计秦国庆执行"录入应收应付冲账单"。

（4）应付会计李丽在应付系统"录入付款单"模块中进行确认。

由此设计操作步骤：录入应付凭单（采购发票）、录入结账单（销售发票）、录入应收应付对冲账单。

按照上述解决方案的设计，系统环境设置如下：

时点：2014 – 12 – 23；

操作人员：005 李丽（会计人员）。

8.2.2 实训步骤

第1步：录入采购发票。12 月 23 日应付会计李丽确认嘉禾加工厂的应付账款 4 000 元。

在"应付管理子系统"界面中单击"录入采购发票"模块，进入"录入采购发票"界面（如图 8 – 6 所示），单击"新增"按钮进行录入，录入完成单击"保存"按钮并关闭该界面。

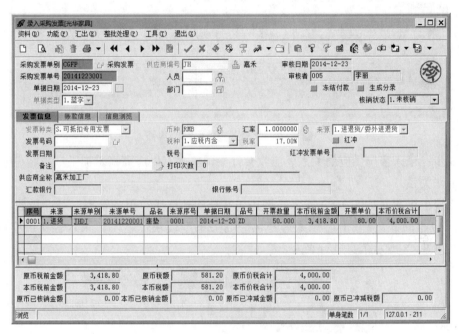

图 8 – 6 "录入采购发票"界面

第2步：录入销售发票。12 月 24 日应收会计秦国庆确认中实集团的应收账款 4 000 元。

选择"光华家具"，以 004 账号（应收会计秦国庆）重新登录系统。在"应收管理子系统"界面中单击"录入销售发票"模块，进入"录入销售发票"界面（如图 8 – 7 所示），单击"新增"按钮进行录入，录入完成单击"保存"按钮并关闭该界面。

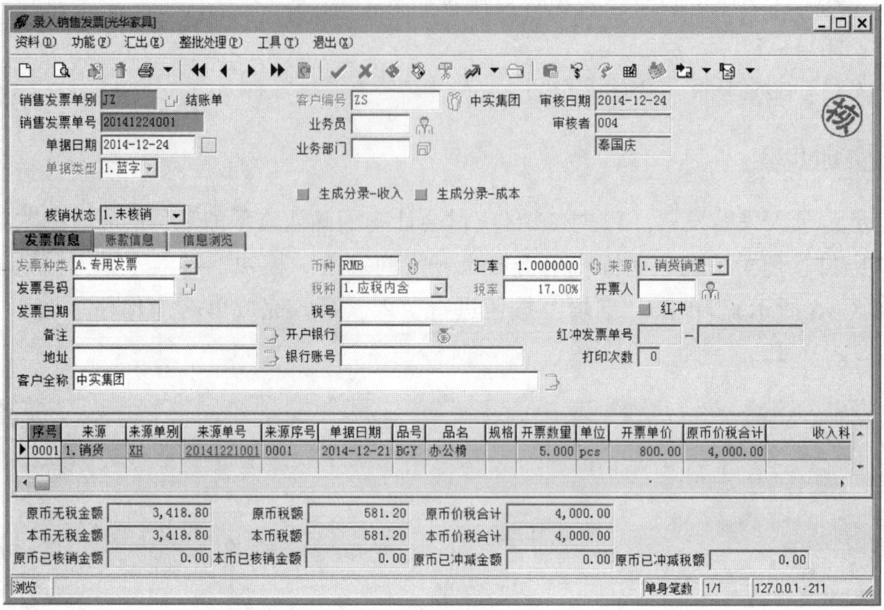

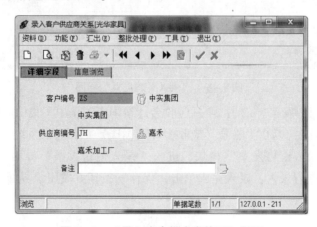

图8-7 "录入销售发票"界面

第3步：录入客户供应商关系。应收会计秦国庆确定供应商嘉禾加工厂与客户中实集团之间的冲账关系。

从系统主界面（如图2-3所示）左边树状结构处选择"财务管理"→"应收管理子系统"→"应收转账"，双击"录入客户供应商关系"模块，进入"录入客户供应商关系"界面，按图8-8所示信息进行录入。

图8-8 "录入客户供应商关系"界面

说明：客户供应商关系代表应收应付冲账时的对冲关系。其中，客户、供应商可以是同一家实体企业，也可以是两家实体企业。若为后者，一般冲账的为三角账务的关系。本实训设置为后者。

第 4 步：录入应收应付冲账单。12 月 26 日，光华家具公司的应收会计秦国庆将供应商嘉禾加工厂的应付账款 4 000 元与客户中实集团的应收账款 4 000 元进行对冲销账。

在"应收管理子系统"界面中单击"应收冲应付"模块，进入"录入应收应付冲账单"界面（如图 8－9 所示），单击"新增"按钮进行录入，录入完成单击"保存"按钮并关闭该界面。

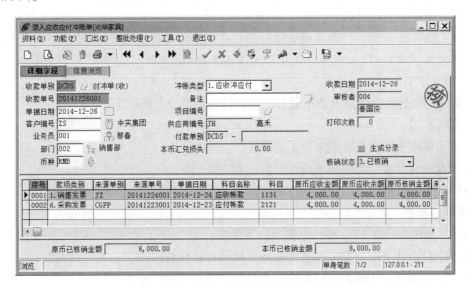

图 8－9　"录入应收应付对冲单"界面

● 应收应付冲账单本身的单据性质为收款单。

说明：70 版易飞 ERP 系统在审核应收应付冲账单后不再生成付款单，冲账单审核后，单身对冲的采购发票和销售发票会核销相应金额。

8.2.3　实训小结

本节实训完成了企业往来账款的应收应付对冲业务。通过本节实训，学习者可体会到应收账款、应付账款对冲的关联性，以及对应收账款和应付账款的后续业务处理的影响，认识企业中应收账款、应付账款对冲的意义。

应收应付对冲管理的逻辑为：首先，设置应收应付冲账单与付款单的对应关系，以及供应商、客户的对冲关系；然后，通过应收应付冲账单指明对冲的应付账款和应收账款，完成应收账款、应付账款的同时冲账。

8.3　应收应付账款调汇管理

一般企业在月末或者年末，会根据最新的汇率调整外币对应的本币金额，因此财务人员会对产生的汇兑损益进行账务调整。企业往来账款的期末调汇业务中，应收账款调汇与应付账款调汇在 ERP 系统中的处理方法类似，故本节实训以企业应付账款的期末调汇业务为例进行相关介绍。

8.3.1 实训概述

【实训内容】

在本实训中主要完成以下内容：

2014 - 12 - 23 应付会计李丽确认供应商元技工业公司有一笔应付账款 1 500 美元，当时美元汇率为 8，2014 - 12 - 31 美元汇率调整为 8.5，月底李丽对应付账款进行调汇。

【实训要求】

完成外币应付账款的期末调汇业务，进行自动调整应付账款汇率。

【实训目的】

（1）了解应收应付账款期末调汇的算法。

（2）理解应收应付账款期末调汇的目的和意义。

（3）掌握应收应付账款期末调汇的方法。

【实训解析】

通过实训内容，在 ERP 系统中实现如下操作：

（1）应付会计李丽根据采购进货业务，确认外币应付账款，录入应付凭单。

（2）汇率调整，李丽按调整后的汇率执行"录入币种汇率"。

（3）月底应付账款调汇，应付会计李丽执行"自动调整应付账款汇率"。

由此设计操作步骤：录入应付凭单（采购发票）、录入币种汇率、自动调整应付账款汇率。

按照上述解决方案的设计，系统环境设置如下：

时点：2014 - 12 - 23；

操作人员：005 李丽（会计人员）。

8.3.2 实训步骤

第 1 步：录入采购发票。12 月 23 日，应付会计李丽确认供应商元技工业公司的应付账款 1 500 美元，按照当时的美元汇率 8 折合成人民币 12 000 元。

在"应付管理子系统"界面中单击"录入采购发票"模块，进入"录入采购发票"界面（如图 8 - 10 所示），单击"新增"按钮进行录入，录入完成单击"保存"按钮并关闭该界面。

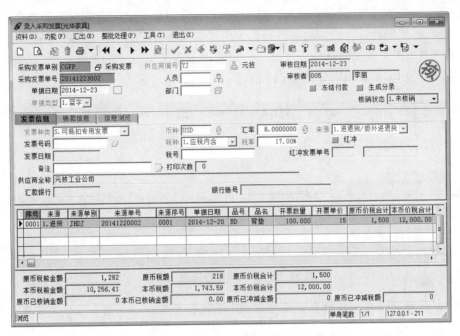

图 8 - 10　"录入采购发票"界面

第 2 步：录入币种汇率。12 月 31 日，李丽调整美元汇率为 8.5。

在系统主界面（如图 2 - 3 所示）中选择"系统设置"→"基本信息子系统"，在"基本信息子系统"界面中单击"录入币种汇率"模块，进入"录入币种汇率"界面（如图 8 - 11 所示），单击"修改"按钮，在"调整汇率"字段录入 8.5，并输入下个月的生效汇率，完成后单击"保存"按钮并关闭该界面。

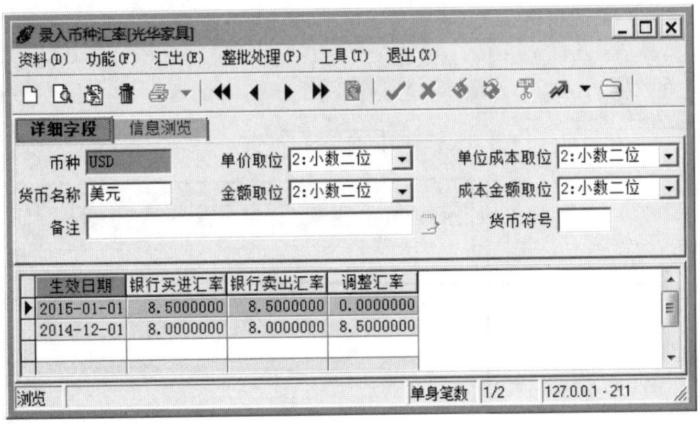

图 8 - 11　"录入币种汇率"界面

➲ 调汇使用的汇率需要录入在"调整汇率"字段；1 月份生效的汇率在"银行买进汇率"和"银行卖出汇率"字段都需要录入。

说明：系统进行调汇时，会根据"调整汇率"信息进行计算。

第3步：应付账款月底重评价表。12月31日，应付会计李丽查询"应付账款月底重评价表"，查看需要进行调汇的应付账款信息，应付账款将会产生750元的汇兑损失。

在系统主界面左侧树状结构处选择"应付管理子系统"→"期末调汇"，双击"应付账款月底重评价表"，报表内容如图8-12所示。

图8-12 应付账款月底重评价表

"应付账款月底重评价表"需要在调汇前进行查询。

第4步：自动调整应付账款汇率并查询。

（1）自动调整应付账款汇率。12月31日，应付会计李丽进行2014年12月的美元应付账款调汇。

在系统主界面（如图2-3所示）中选择"财务管理"→"应付管理子系统"，在"应付管理子系统"界面中单击"自动调整应付账款汇率"模块，进入"自动调整应付账款汇率"界面，录入的条件如图8-13所示，录入完成单击"直接处理"按钮，执行完毕退出该界面。

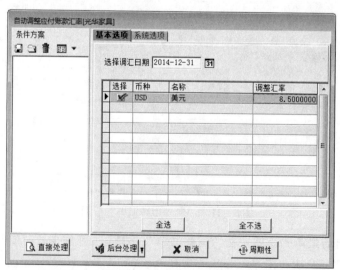

图8-13 "自动调整应付账款汇率"界面

说明：执行"自动调整应付账款汇率"后生成的调汇单，其单据性质为"7E. 汇差调整单"，需要提前在"设置应付单据性质"模块中录入，并在"设置应付子系统参数"模块中指定调汇单别和调汇科目。

（2）查询应付账款调汇单。12月31日，应付会计李丽查询2014年12月的美元应付账款调汇结果，12月23日的应付账款本币会调增至750元。

在"应付管理子系统"界面中单击"维护应付账款调汇单"模块，进入"维护应付账款调汇单"界面（如图8-14所示），单击"查询"按钮查询对应的调汇单。

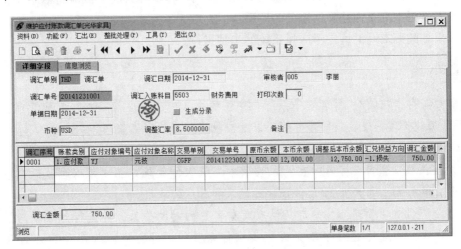

图8-14　"维护应付账款调汇单"界面

第5步：查询应付调汇明细表。12月31日，应付会计李丽查询应付调汇明细表，查看已经进行调汇的应付账款信息，记录调汇信息的调汇单为THD-20141231001。

在系统主界面左侧树状结构处选择"应付管理子系统"→"期末调汇"，双击"应付历史调汇明细表"，报表内容如图8-15所示。

应付历史调汇明细表

币种	调汇年月	供应商编号	供应商简称	凭单单号	上月汇率	重估汇率	调汇金额	调汇单号
USD	20141231	YJ	元技	CGFP-20141223002	8.00	8.50	750.00	THD-20141231001
USD	20141231	小计：			0.00	0.00	750.00	
		合计：			0.00	0.00	750.00	
		总计：			0.00	0.00	750.00	

图8-15　应付历史调汇明细表

➲ "应付历史调汇明细表"需要在调汇后进行查询。

8.3.3 实训小结

本节实训完成了应付系统的期末调汇。通过本节实训，学习者能够了解账款期末调汇的前期设置、业务流程，以及调汇业务对应收账款和应付账款的影响。

应付系统期末调汇的逻辑为：首先，在应付参数中设置调汇单别和科目，在币种汇率中设置调整汇率；然后，通过"自动调整应付账款汇率"，系统自动生成应付账款调汇单；最后，财务人员根据汇兑损益确认账务的调整。

应收系统的期末调汇可参考应付系统的步骤进行。

本章小结

本章实训在"应收/应付管理子系统"中围绕企业的应收应付往来账款的管理，处理了预收/预付账款管理、应收应付对冲管理以及应收应付账款调汇管理。

应该注意的是：

1. 发生预收、预付业务时，在录入收款单、录入付款单作业中录入预收款单、预付款单。其作用和意义：用于预收/预付账款的记录和日后的冲账。

2. 应收应付对冲管理：首先定义供应商和客户的对冲关系，并进行对冲单与付款单单别的对冲管理，然后通过对冲单完成应收应付账款的对冲，将应收账款和应付账款进行结账。

3. 应收应付账款调汇管理：企业发生外币业务，确立了对应的应收、应付账款后，一旦汇率发生了变化，要定期进行调汇的处理，完成汇兑损益的调整。

由于应收账款、应付账款的处理流程相似，8.1和8.3的实训均重点讲解应付系统的处理方法，应收系统的处理方法可参考进行。

思考与练习

1. 如果企业发生了预收账款，怎样设计业务流程？

2. 应收应付账款对冲后，系统为什么会自动产生一张付款单，意义为何？

3. 查看"应收账款分类账"，按照表中列出的账款类别找出每个类别对应的单据金额。

4. 存货的月加权计算后，会更新哪些单据和档案？将以上信息查询出来，并手工计算月加权成本。

实训 9　总账流程

学习内容

本实训内容的设计注重易飞 ERP 系统总账管理的特色功能，便于读者加深对 ERP 总账管理的理解，更进一步展现了总账管理在整个 ERP 系统的地位和意义。本实训共设置 4 个专项功能实训：自动分录处理、费用分摊处理、核算项目管理、总账月结的账结法与表结法处理。

学习目标

1. 了解 ERP 系统中总账管理的日常操作方法。
2. 掌握自动分录抛转会计凭证的处理方法。
3. 了解费用分摊的处理方法。
4. 理解核算项目的管理内涵。
5. 了解总账月结的账结法和表结法处理两种流程。

学习框架

总账是企业会计核算的核心，因此也是企业 ERP 系统运行中财务管理的核心，是企业业务流程中信息的最终归集地。总账管理的主要内容包括自动分录处理、费用分摊处理、核算项目管理以及账结法与表结法处理。如图 9 – 1 所示为本章学习框架。

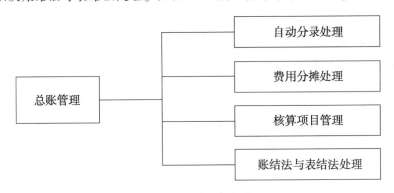

图 9 – 1　学习框架图

自动分录处理是指将业务系统中的单据进行分录生成总账中的会计凭证；费用分摊处理是指将企业中的公共费用按照一定的比例进行分摊；核算项目管理是指将供应商、人员等作为核算项目来进行核算；账结法与表结法是总账月结的不同处理办法。

9.1 自动分录处理

业务系统中的单据，如销货单、收款单、进货单、付款单、领（退）料单、生产入库单等，都必须定期转入总账系统，建立会计凭证，保证总账可完整地反映公司经营的轨迹。自动分录子系统作为业务与财务总账的桥梁，提供了各业务原始单据自动生成总账会计凭证的功能，可使建立会计凭证的工作大量简化，并避免了业务账与总账不符的弊端和错误，进一步强化了业务系统与财务系统的集成化。

9.1.1 实训概述

【实训内容】

在本实训中主要完成以下内容：

2014 年 12 月，会计李丽将 12 月份的采购进货单在 ERP 系统中自动生成对应的会计凭证。其中，12 月份发生的进货业务资料如表 9 - 1 所示。

表 9 - 1　12 月份进货业务明细表

进货单别	单别名称	进货单号	日期	供应商	本币金额	本币税额	本币货款
JJJH	紧急进货单	20141223001	2014 - 12 - 23	嘉禾	4 000.00	581.20	3 418.80
JJJH	紧急进货单	20141223002	2014 - 12 - 23	元技	12 000.00	0.00	12 000.00
JJJH	紧急进货单	20141226001	2014 - 12 - 26	嘉禾	1 500.00	217.95	1 282.05
FPJH	随发票进货	20141229001	2014 - 12 - 29	嘉禾	19 500.00	2 833.33	16 666.67

【实训要求】

完成业务系统的单据自动生成总账会计凭证的流程。

【实训目的】

（1）了解自动分录子系统的地位和作用。

（2）理解分录性质设置的含义与作用。

（3）掌握抛转会计凭证的处理方法。

【实训解析】

通过实训内容，在 ERP 系统中实现如下操作：

（1）为了达到抛转采购进货单至总账的目的，需要根据采购进货业务执行"设置分录性质 - 进货单"。

（2）按照抛转规则，生成会计分录的底稿，通过"自动生成分录底稿"模块实现。

（3）在分录底稿的基础上进行调整，执行"维护分录底稿"。

（4）按底稿生成会计凭证，执行"自动生成会计凭证"。

由此设计操作步骤:设置分录性质 – 进货单、自动生成分录底稿、维护分录底稿、自动生成会计凭证。

按照上述解决方案的设计,系统环境设置如下:

时点:2014 – 12 – 31;

操作人员:005 李丽(会计人员)。

9.1.2　实训步骤

第1步:进入系统。登录易飞 ERP 系统,在系统主界面(如图 2 – 3 所示)中选择"财务管理"→"自动分录子系统",进入"自动分录子系统"界面,如图 9 – 2 所示。

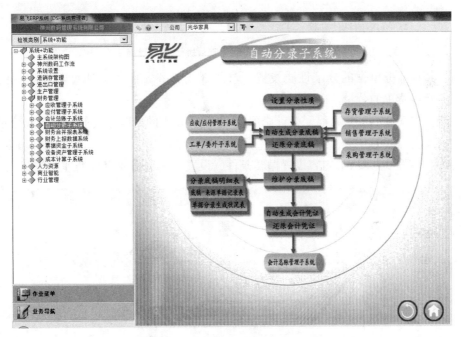

图 9 – 2　"自动分录子系统"界面

第2步:设置分录性质 – 进货单。在"自动分录子系统"界面中单击"设置分录性质"模块,进入"设置分录性质 – 进货单"界面(如图 9 – 3 所示),单击"查询"按钮,查看相关设置。

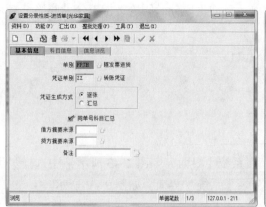 

(a)"基本信息"页签   (b)"科目信息"页签

图9-3 "设置分录性质-进货单"界面

说明：其他业务单据的分录性质设置可参见 3.5.2 节关于"会计总账管理"的设置。本实训仅涉及进货单的分录性质设置。

第3步：自动生成分录底稿。会计李丽将 12 月份发生的采购进货业务抛转成分录底稿。

在"自动分录子系统"界面中单击"自动生成分录底稿"模块，进入"自动生成分录底稿"界面，按图9-4所示内容设置抛转条件，设置完成单击"直接处理"按钮。

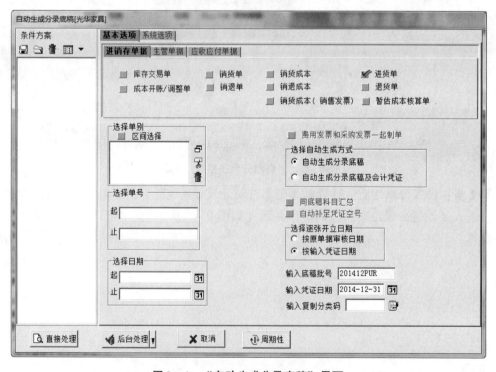

图9-4 "自动生成分录底稿"界面

底稿批号设置为"201412PUR",其可以自定义命名;凭证日期设置为"2014 - 12 -31",一般日期设置成当前会计期间的最后1天。

说明:"选择自动生成方式"设置成"自动生成分录底稿"后,系统自动生成分录底稿,经过调整后再通过"抛转会计凭证"生成会计凭证,本实训采用此种设置;"选择自动生成方式"设置成"自动生成分录底稿及会计凭证"后,系统直接生成会计凭证。

第4步:维护分录底稿。在"自动分录子系统"界面中单击"维护分录底稿"模块,进入"维护分录底稿"界面,单击"查询"按钮,依据底稿批号"201412PUR"查询底稿列表,如图9-5(a)所示;在"信息浏览"页签中,双击"底稿序号"为"0004"的记录,查询到0004号底稿的详细信息,如图9-5(b)所示。

(a)"信息浏览"页签

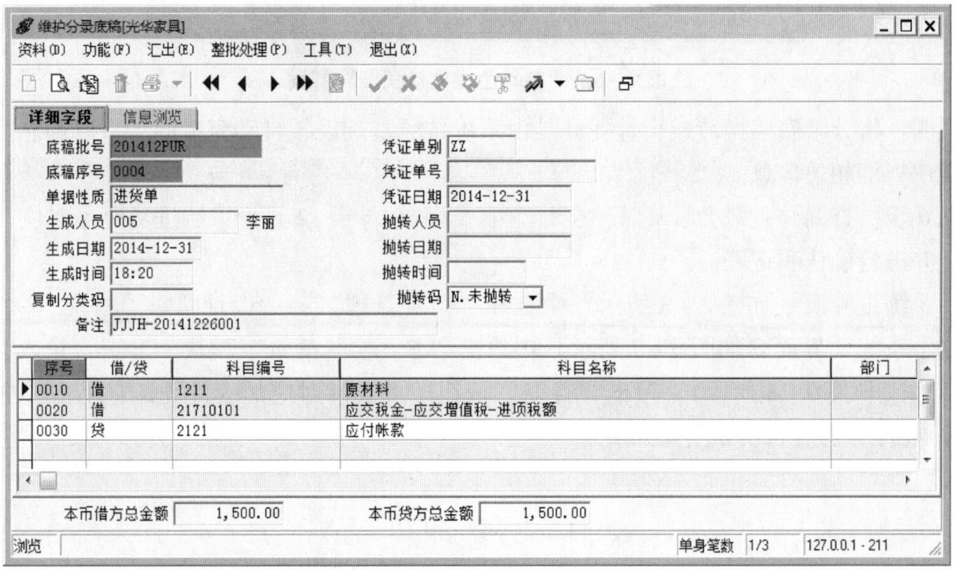

(b)"详细字段"页签

图9-5 "维护分录底稿"界面

说明：分录底稿是业务单据与会计凭证的中间状态，可以对抛转的内容进行修改和调整，再抛转成会计凭证；分录底稿进一步抛转成会计凭证后，"凭证单号""抛转人员""抛转日期""抛转时间"等信息会自动更新，"抛转码"会自动打勾。

第5步：自动生成会计凭证。会计李丽将分录底稿抛转成会计凭证。

在"自动分录子系统"界面中单击"自动生成会计凭证"模块，进入"自动生成会计凭证"界面（如图9-6所示），设置抛转条件后单击"直接处理"。

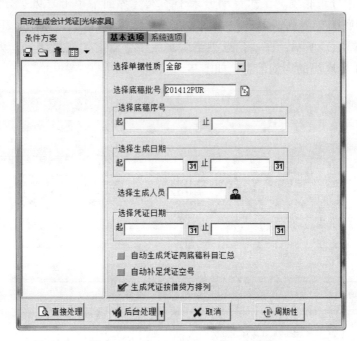

图9-6　"自动生成会计凭证"界面

说明：将分录底稿抛转成会计凭证是由系统按照基础设置自动完成的，可以到总账管理子系统中查询相关信息。

第6步：查询并过账会计凭证。会计李丽查询2014年12月份采购进货业务对应的会计凭证，并进行确认和记账。

在系统主界面（如图2-3所示）中选择"财务管理"→"会计总账子系统"，在"会计总账子系统"界面（如图9-7所示）中单击"录入会计凭证"模块，进入"录入会计凭证"界面（如图9-8所示），单击"查询"按钮即可查询对应的会计凭证，单击"凭证单笔过账/还原"按钮即完成凭证的记账。

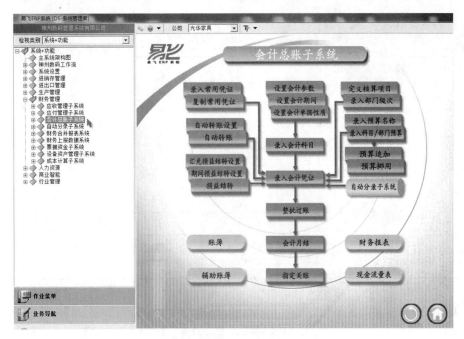

图 9 – 7　"会计总账子系统"界面

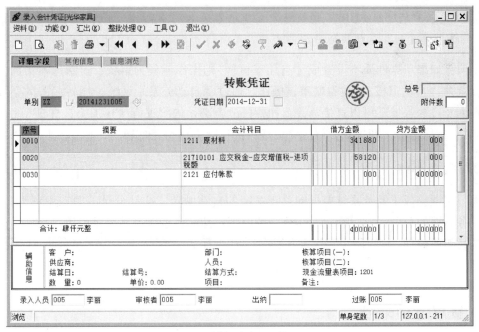

(a)"详细字段"页签

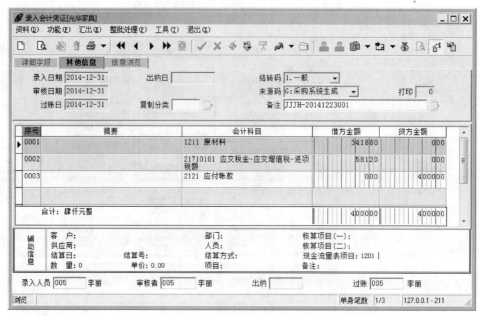

(b)"其他信息"页签

图9-8　"录入会计凭证"界面

"凭证单笔过账/还原"按钮📑是工具栏右边第一个按钮。对于已过账完成的凭证，单击该按钮，该凭证便过账还原。

说明：如果单据性质不设置成"自动审核"，则操作流程为审核、过账。本实训的单据性质设置为"自动审核"，故省略审核操作。通过"自动分录子系统"抛转而来的会计凭证可以查询及过账，但不可以直接修改；如要修改，必须依次进行"还原会计凭证""还原分录底稿"，然后修改来源单据，修改完成后再进行"抛转分录底稿""抛转会计凭证"。

9.1.3　实训小结

本节实训完成了业务系统单据向总账系统的自动抛转。会计分录的抛转逻辑为：首先，设置业务单据的分录性质，确定抛转分录的原则；然后，依次抛转分录底稿、会计凭证至总账系统。如要修改会计凭证内容，需依次还原会计凭证和分录底稿，再修改原始的业务单据。

9.2　费用分摊处理

企业日常业务、管理和经营中发生的费用，很多为多部门的共同费用。本节实训将对企业中发生的共同费用进行分摊，各部门按照各自的分摊比率承担相应的费用。

9.2.1　实训概述

【实训内容】

在本实训中主要完成以下内容：

2014－12－23 光华家具厂支付水电费 12 000 元，月底会计李丽将这笔水电费按比例分摊给信息部、销售部、库存部、采购部、财务部。

【实训要求】

完成企业中各部门共同费用的分摊，按照固定比率进行分摊。

【实训目的】

（1）了解企业部门费用分摊的意义。

（2）掌握费用分摊处理的前期设置。

（3）掌握费用分摊的具体方法。

【实训解析】

通过实训内容，在 ERP 系统中实现如下操作：

（1）会计李丽支付水电费并记录支付信息，执行“录入会计凭证”。

（2）设置各部门分摊费用的比率，执行“录入分摊比率”。

（3）李丽将费用按分摊比率进行分摊，执行“自动分摊科目余额”。

（4）李丽查询并确认分摊费用产生的凭证，进入“录入会计凭证”界面查询。

由此设计操作步骤：录入会计凭证、录入分摊比率、自动分摊科目余额、查询会计凭证。

按照上述解决方案的设计，系统环境设置如下：

时点：2014－12－23；

操作人员：005 李丽（会计人员）。

9.2.2　实训步骤

第 1 步：进入系统。在系统主界面（如图 2－3 所示）中选择“财务管理”→“会计总账子系统”，进入“会计总账子系统”界面，如图 9－7 所示。

第 2 步：录入会计凭证。12 月 23 日，会计李丽用银行存款支付了水电费 12 000 元。

在“会计总账子系统”界面中单击“录入会计凭证”模块，进入“录入会计凭证”界面，单击“新增”按钮，按照图 9－9 所示内容录入信息，录入完毕单击“审核”按钮→“出纳签字”按钮→“凭证单笔过账/还原”按钮，进行审核、出纳、过账流程的操作，完成凭证的编写。

➡ 水电费进行分摊之前，统一入账到“财务部”名下。

说明：如果单据性质中设置“录入会计凭证”的单据为自动审核，图 9－9 中标示⑥的位置无须操作；制单、审核、出纳、过账的流程操作具有前后制约性；在实际财务业务中，制单、审核、出纳、过账的流程操作必须分角色进行。本实训目的在于简化实训、强化流程，有兴趣的读者可自行分角色练习。

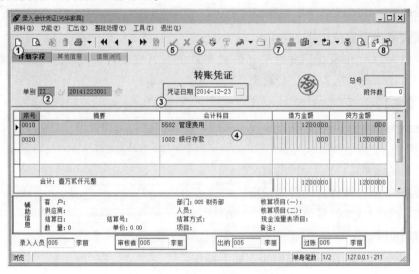

图9-9　"录入会计凭证"界面

第3步：录入分摊比率。会计李丽设置各部门分摊水电费的比率。

在"会计总账子系统"界面中单击"录入分摊比率"模块，进入"录入分摊比率"界面（如图9-10所示），单击"新增"按钮，录入分摊信息，通过单头的"分摊来源"按钮录入对应的分摊来源，保存并退出该界面。

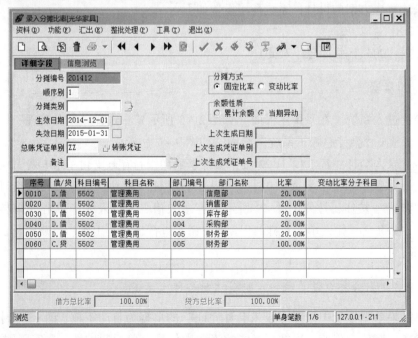

图9-10　"录入分摊比率"界面

借方和贷方的分摊比率之和必须为100%。

说明："分摊方式"选择"固定比率"，即共同费用发生时，按照一定的比例将费用分摊给各部门，本实训采用此分摊方式。"分摊方式"选择"变动比率"，即共同费用发生时，费用的分摊并没有一定的比例，而是依照特定方式分摊给各部门，如以各部门人头数或办公面积数作为分摊的依据。选择"变动比率"时，必须先至会计科目设置虚设一笔分摊会计科目，科目性质必须为非货币性科目。

第4步：自动分摊科目余额并查询。

（1）自动分摊科目余额。在"会计总账子系统"界面，单击"自动分摊科目余额"模块，进入"自动分摊科目余额"界面，按照图9-11所示内容设置分摊条件，单击"直接处理"按钮，系统运行自动分摊。

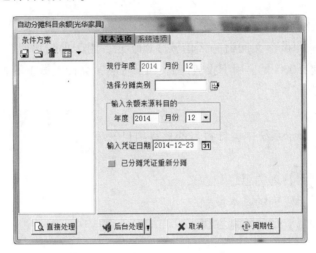

图9-11 "自动分摊科目余额"界面

如果系统启用了"出纳管理"，不需要出纳签字即可进行"单张单据过账"处理，否则，必须有出纳签字方可过账；对于"自动分摊科目余额"生成的会计凭证，系统会自动审核和过账，无须另行处理。

（2）查询会计凭证。会计李丽查询2014年12月12 000元水电费分摊后的结果。

在"会计总账子系统"界面中单击"录入会计凭证"模块，进入"录入会计凭证"界面，单击"查询"按钮即可查询对应的会计凭证。

9.2.3 实训小结

本节实训完成了企业共同费用的部门分摊处理。费用分摊的流程为：首先，通过"录入会计凭证"记录费用的发生，暂时将费用归属到某一部门；然后，设置各部门分摊费用的比率，执行"录入分摊比率"；最后，执行"自动分摊科目余额"，按照分摊比率，系统自动进行分摊处理，并可通过"录入会计凭证"查询到分摊费用产生的凭证。

9.3 核算项目管理

本节实训主要完成会计总账管理子系统中会计科目的核算项目管理。核算项目管理是企业账务管理中一项重要内容。通过核算项目管理，可以使管理者了解各项目单位（部门、客户、供应商等有需要单独核算项目的单位）的经营状况。在定义完核算项目编号、名称及层级之后，需要在会计科目中进行设定，一般按供应商、客户、部门、人员及某核算项目进行核算项目管理。

9.3.1 实训概述

【实训内容】

在本实训中主要完成以下内容：

2014－12－13 采购员李文向财务部借款 3 000 元，用于采购物资；2014－12－23 业务员蔡春向财务部借款 5 000 元，用于投放广告；12 月底，会计人员李丽查询账簿，统计当月公司人员的借款状况。

【实训要求】

完成会计总账管理子系统中会计科目的核算项目管理。

【实训目的】

（1）了解核算项目管理的思想和意义。

（2）掌握核算项目管理的基本设置。

（3）掌握核算项目管理的控制方法。

【实训解析】

通过实训内容，在 ERP 系统中实现如下操作：

（1）会计李丽设置需要进行核算项目管理的科目，在"录入会计科目"中进行。

（2）李丽将个人借款信息录入会计凭证，并在凭证中指定核算项目，即记录借款人。

（3）月末，李丽查询个人借款明细，即核算项目余额表。

由此设计操作步骤：维护会计科目、录入会计凭证、查询核算项目余额表。

按照上述解决方案的设计，系统环境设置如下：

时点：2014－12－13；

操作人员：005 李丽（会计人员）。

9.3.2 实训步骤

第 1 步：维护会计科目。会计人员李丽对"其他应收款"科目进行设置。

在"会计总账子系统"界面中单击"录入会计科目"模块，进入"录入会计科目"界面，单击"其他应收款"科目，依照图 9－12 所示内容进行相应更改，更改完毕退出该界面。

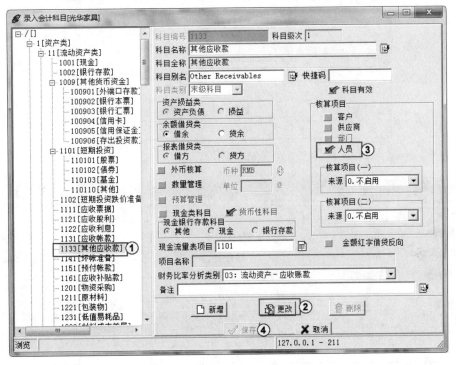

图9-12 "录入会计科目"界面

说明：针对个人借款，一般财务入账到"1133其他应收款"科目下。

第2步：录入会计凭证。

(1) 12月13日，采购员李文向财务部借款3 000元，用于采购物资，会计李丽进行登账。

在"会计总账子系统"界面中单击"录入会计凭证"模块，进入"录入会计凭证"界面，单击"新增"按钮，按图9-13所示内容录入信息；然后依次进行"审核""出纳签字""凭证单笔过账/还原"操作，完成凭证录入并退出该界面。

由于"1133其他应收款"科目设置了"核算项目"，所以在执行"录入会计凭证"时，系统会弹出"录入会计凭证"的辅助信息界面，"核算项目一"为必填项，单击开窗可选择人员信息，如图9-13（a）所示。

(a) 辅助信息

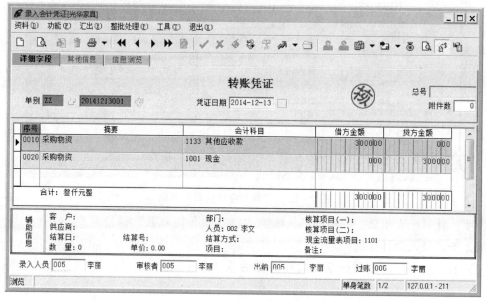

(b) 录入会计凭证

图 9 – 13　"录入会计凭证"界面 1

（2）12 月 23 日，业务员蔡春向财务部借款 5 000 元，用于投放广告，会计李丽进行登账。

在"会计总账子系统"界面中单击"录入会计凭证"模块，进入"录入会计凭证"界面，单击"新增"按钮，按图 9 – 14 所示内容录入信息；然后依次进行"审核""出纳签字""凭证单笔过账/还原"操作，完成凭证录入并退出该界面。

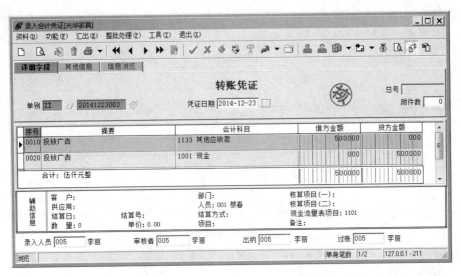

图9-14 "录入会计凭证"界面2

第3步：查询核算项目余额表。12月底，会计人员李丽查询个人借款账簿，统计当月公司人员借款状况。

从系统主界面（如图2-3所示）左边树状结构处选择"财务管理"→"会计总账子系统"→"会计账簿"，双击"核算项目余额表"模块，进入"核算项目余额表"界面，按图9-15（a）所示信息进行设置，设置完成单击"直接查询"按钮即可打开"核算项目余额表"，如图9-15（b）所示。

(a) 条件筛选界面

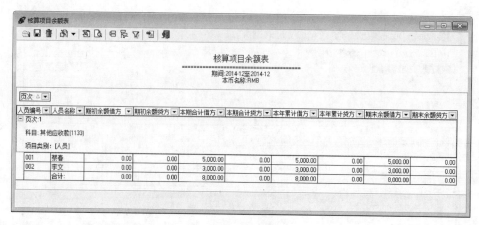

(b) 数据界面

图 9 – 15　"核算项目余额表"界面

9.3.3　实训小结

本节训完成了对会计科目的核算项目管理。核算项目管理的逻辑为：首先，在"录入会计科目"中设置需要进行核算项目管理的科目；然后，在业务发生时，通过"录入会计凭证"指定核算项目，进行日常核算项目管理；月末可查询核算项目账簿，如核算项目总账、核算项目余额表、核算项目明细账和核算项目多栏式明细账等，通过这些账目的查询可以达到对核算项目加强管理的目的。

9.4　账结法与表结法处理

企业的总账月结是所有业务结账环节的最后一步。本节实训主要完成会计总账月结。易飞 ERP 系统提供的总账月结方式有表结法和账结法两种。

9.4.1　实训概述

【实训内容】

在本实训中主要完成以下内容：

2014 – 12 – 31 会计李丽使用表结法进行会计总账月结。

【实训要求】

使用表结法完成会计总账的月结流程。

【实训目的】

（1）了解账结法和表结法的意义和区别。

（2）掌握账结法和表结法的结账方法和流程。

【实训解析】

通过实训内容，在 ERP 系统中实现如下操作：

（1）会计李丽设置会计总账的结账方式为表结法，在"设置会计参数"中进行。

（2）李丽将 12 月份凭证及账务进行检查和核对，查看会计异常检查表，分析账务异常原因。

（3）执行"会计月结"，将 12 月份账务进行汇总，并将 12 月份的科目余额转到下一年 1 月初，现行年月加一。

由此设计操作步骤：设置会计参数、查看会计异常检查表、会计月结。

按照上述解决方案的设计，系统环境设置如下：

时点：2014 – 12 – 31；

操作人员：005 李丽（会计人员）。

9.4.2　实训步骤

第 1 步：设置会计参数。会计李丽设置会计总账月结的结账方式为表结法。

在"会计总账子系统"界面中单击"设置会计参数"模块，进入"设置会计参数"界面，选择"财务结转方式"为"表结法"，如图 9 – 16 所示。

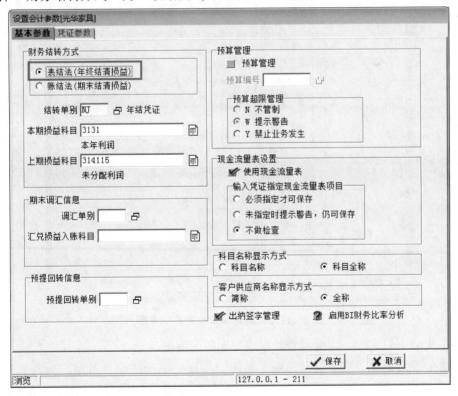

图 9 – 16　"设置会计参数"界面

说明：

● 表结法：各损益类科目每月月末只需结计出本月发生额和月末累计余额，不结转到"本年利润"科目中，只有在年末时才将全年累计余额结转到"本年利润"科目中。

● 账结法：每月月末均需编制转账凭证，将在账上结计出的各损益类科目的余额结转到"本年利润"科目中，各月均可通过"本年利润"科目提供当月及本年累计的利润（或亏损）额，但增加了转账环节和工作量。

第2步：查看会计异常检查表。期末，会计李丽检查凭证、账簿等是否存在错误。

从系统主界面（如图2-3所示）左边树状结构处选择"财务管理"→"会计总账子系统"→"其他作业"，双击"会计异常检查表"模块，进入"会计异常检查表"界面，按图9-17所示信息设置检查项目，单击"直接查询"，若系统存在异常的会计信息，系统将有异常信息显示在表中。

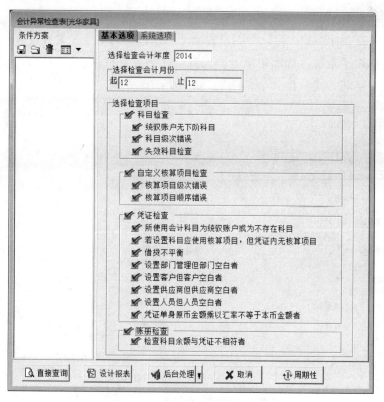

图9-17　"会计异常检查表"界面

说明：总账月结之前一定要检查此报表有无错误项目。

第3步：会计月结。在"会计总账子系统"界面中单击"会计月结"模块，进入"会计月结"界面（如图9-18所示），单击"直接处理"按钮，系统运行总账月结处理。

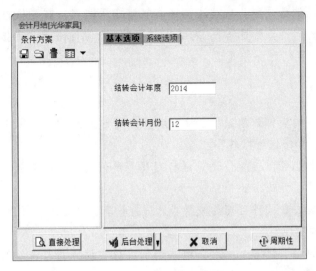

图 9 - 18　"会计月结"界面

在月结作业中，按 CTRL + SHIFT + F6 组合键可激活反结账处理。

说明：采用表结法，每月月底所有凭证过账后直接执行"会计月结"；采用账结法，每月月底所有凭证过账后需先执行自动转账，生成当期损益结转凭证，然后再执行"会计月结"；会计月结后会将现行年月自动加 1。

9.4.3　实训小结

本节实训完成了会计总账的月结流程——表结法。通过本节实训，可了解月结方式中表结法与账结法的区别和特点。

（1）表结法：各损益类科目月末只需结计出发生额和累计余额，不结转到"本年利润"科目中，可直接执行"会计月结"。只有在年末时才将全年累计余额结转到"本年利润"科目中。

（2）账结法：每月月末均需执行"自动转账"，将损益类科目的余额结转到"本年利润"科目中，然后执行"会计月结"。各月均可通过"本年利润"科目提供当月及本年累计的利润（或亏损）额。

本章小结

本章实训在"会计总账子系统"中模拟了几个财务业务处理过程，涉及自动分录管理、费用分摊管理、核算项目管理和总账月结管理。

应该重点注意的是：

1. 明确自动分录管理在 ERP 系统中的作用和意义。如果业务单据设置了分录性质，就可以实现将业务单据自动抛转成会计分录底稿，进而抛转成会计凭证。

2. 账结法与表结法的异同：账结法在每个会计期间结束，需要执行"自动转账"结平损益类科目，然后执行"会计月结"。表结法在每个会计期间进行，直接执行"会计月结"，损益类科目的结平在年结时一并处理。

思考与练习

1. 如果采购业务的应付账款抛转会计分录时，需要按照不同的原料品号抛转账款科目，如何设置分录性质？如何进行抛转？

2. 假设某一采购业务抛转的会计凭证有问题需要修改，试将其还原，修改后再抛转为会计凭证。

3. 某家企业的应收账款科目需要按照客户进行核算，并且还要按照工程项目进行核算，在系统中如何设置和实现？

4. 利用9.4节的实训数据，使用账结法进行流程实训，并与表结法进行对比，说明操作差异。

实训 10　主业务流程实例

本实训是通过模拟企业一个月的日常业务工作，在熟练完成前几章实训的基础上进行的综合训练，是以模拟实际工作中发生的业务为中心、以时间为主线的综合性实训。

本实训共设置 6 个主流程实训：订单与主生产计划、订单追加与主生产计划、采购入库与应付管理、生产管理、销售出库与应收管理、日常财务处理与月结。通过实训，力图使读者在了解 ERP 系统的基本思想和基本操作的基础上，能够处理较为复杂的、完整的作业流程，这里不再涉及基础信息的设置。

学习目标

1. 理解 ERP 流程的整体性。
2. 理解企业各业务之间的信息关联和数据集成。
3. 掌握企业业务的综合处理方法及解决方案。
4. 理解 ERP 业务流程处理的动态性。

学习框架

主业务流程实例涵盖了前述专项训练涉及的各管理子系统，并将这些子系统综合在一起，给出了一套完整的系统解决方案。本章主要内容为订单与主生产计划、订单追加与主生产计划、采购入库与应付管理、生产管理、销售出库与应收管理及日常财务处理与月结。如图 10-1 所示为本章学习框架。

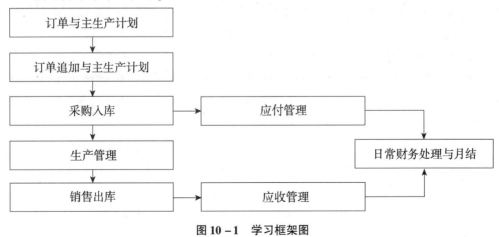

图 10-1　学习框架图

199

"订单与主生产计划"主要介绍企业从客户获取订单之后做主生产计划，并根据订单以及库存情况做采购计划；"订单追加与主生产计划"主要介绍在已有订单的基础上，如果有新的订单加入进来，则做订单追加并重新做主生产计划排程；"采购入库与应付管理"主要介绍企业对采购订单入库，并获得采购发票产生应付账款；"生产管理"主要介绍依据主生产排程及工艺路线进行生产；"销售出库与应收管理"主要介绍将生产的成品根据订单交货，同时开具销售发票产生应收账款；"日常财务处理与月结"主要介绍将日常的财务业务转化为会计凭证并做出纳过账处理，在月末进行会计月结并生成会计报表。

【实训内容】

（1）2014-12-5 销售员蔡春接到客户中实集团的订货电话，购买新款办公椅100把，要求2014-12-29交货。当日签订销售合同，合同约定办公椅的含税单价为600元/把，交货时随货附发票，交货后1天内付款，并以银行转账支票结算。

（2）2014-12-9 销售员蔡春又接到客户中实集团的订货电话，要求再购买办公椅40把，并于2014-12-26交货。当日签订销售合同，合同约定办公椅的含税单价为600元/把，交货时随货附发票，交货后1天内付款，并以银行转账支票结算。

（3）2014-12-10 采购员李文收到嘉禾加工厂月初采购单运来的原材料背垫100个、中支200个和底座100个，元技工业公司月初采购单运来的原材料轮子500个，核对采购单并验收入库。财务应付会计李丽根据采购情况核对供应商开具的采购发票，将资金分别转入嘉禾加工厂和元技工业公司。

2014-12-12和2014-12-19，第一张订单和订单追加的原材料分别到货，财务应付会计李丽根据采购情况核对供应商开具的采购发票并付款。

（4）2014-12-18 针对第一张订单以及追加的订单，按照主生产排程计划，生产部门开始组织生产。

（5）2014-12-26 蔡春根据2014-12-9的追加订单，准备给中实集团发货。库管员刘争根据2014-12-9的追加订单，将40把办公椅从办公椅仓出货。财务人员依据销售合同开具600×40=24 000（元）的销货发票（销货单）。财务应收会计秦国庆依据收到的销货单进行核对，录入销售发票，登记应收账款24 000元。

2014-12-29 蔡春针对2014-12-5的第一张订单，准备给中实集团发货。库管员刘争根据2014-12-5的订单，从办公椅仓出货。财务人员依据销售合同开具600×100=60 000（元）的销货发票（销货单）。财务应收会计秦国庆依据收到的销货单进行核对，录入销售发票，登记应收账款60 000元。

（6）财务会计张娜根据12月份日常发生的资金流动状况分别做账：

①2014-12-4 从银行借入3年期的借款300 000元，借款已存入银行账户。

②2014-12-5 购买一台设备，付款200 000元。

③2014-12-30 由于月初购买的设备属于高损耗品，故当月计提折旧5 000元。

④2014-12-30 归还长期借款利息1 500元。

⑤ 2014 - 12 - 30 从银行提取现金 3 000 元，支付生产人员工资。

⑥ 2014 - 12 - 31 月末财务月结。

【实训要求】

（1）针对客户所有需求，完成主生产计划和物料需求计划的制订。

（2）依照生产计划和采购计划完成企业一个月内的各项生产经营活动。

（3）月末完成月末处理，并根据已有的会计凭证信息对本月存货和应收应付进行月末结算，输出财务报表。

【实训目的】

（1）了解 ERP 系统中订单与主生产排程、物料需求计划之间的业务联系和信息流。

（2）掌握主要单据中数据的含义及其设置方法。

（3）掌握以客户插单为驱动的企业经营管理在 ERP 系统中的解决方案。

（4）掌握 ERP 系统综合业务的处理方法。

10.1　订单与主生产计划

10.1.1　实训解析

（1）订单录入：2014 - 12 - 5 销售员蔡春接到客户中实集团的订货电话，购买新款办公椅 100 把，要求 2014 - 12 - 29 交货。

由此设计操作步骤：录入客户订单。

（2）主生产计划：生管人员吴昊根据中实集团 100 把办公椅的销售订单执行"录入客户订单"并组织生产，安排主生产计划。调整并确认后，将生产计划派工给生产车间办公椅加工中心。该车间生产办公椅的关键产能资源为人力，办公椅加工中心有工人 5 人，每人每天 8 小时产能，每生产一把办公椅耗用产能 1 小时。

由此设计操作步骤：生成每日资源、录入排程来源、生成排程计划、维护排程计划、发放 MPS 工单。

（3）物料需求计划：2014 - 12 - 29 发放工单后，生管人员吴昊对办公椅生产需要用到的原料进行排产，时间范围为 12 月份，按周汇总排产的结果；物料需求计划计算后，发现生产办公椅需要的原材料现有库存量不能满足生产的需求，于是生成以上原材料的采购计划，最后生管人员吴昊将采购计划发放给采购部门。

由此设计操作步骤：生成物料需求计划、维护采购计划、发放 MRP 采购单。

10.1.2　实训步骤

10.1.2.1　订单录入

第 1 步：登录系统。在如图 2 - 2 所示易飞 ERP 系统登录界面以"001"账号、"光华家具"账套登录后，进入系统主界面。

第2步：录入客户订单。从系统主界面（如图2-3所示）左边树状结构处选择"进销存管理"→"销售管理子系统"，进入"销售管理子系统"界面，单击"录入客户订单"模块，进入"录入客户订单"界面，录入数据如图10-2所示。填制完成后，单击"保存"按钮✔完成该客户订单的录入，关闭该界面。详细操作请参看《ERP原理与应用（第2版)》第7章关于"订单录入"的操作介绍，或参看本实训配备的操作录屏。

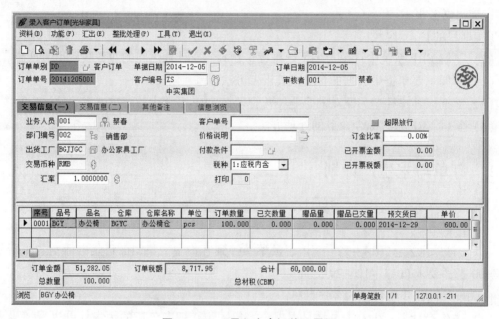

图10-2　"录入客户订单"界面

➡ 依照上图所示录入订单信息，注意单身中"品号"选择BGY，另外特别注意"订单数量""单价"及"预交货日"等字段的填制。

如果加入销售预测，应该如何对订单信息进行设置？

10.1.2.2　主生产计划

此处详细操作请参看《ERP原理与应用（第2版)》第7章关于"主生产计划"的操作介绍，或参看本实训配备的操作录屏。

第1步：进入主生产排程系统界面。在系统主界面（如图2-3所示）中选择"生产管理"→"主生产排程系统"，进入"主生产排程系统"界面，如图7-2所示。

第2步：生成每日资源并查询，准备进行MPS排程。

（1）生成每日资源。在系统主界面（如图2-3所示）左面树状结构中选择"生产管理"→"主生产排程系统"→"基础设置"，双击"生成每日资源"模块，进入"生成每日资源"界面，如图7-3所示。

（2）查询每日资源信息。在"主生产排程系统"中单击"录入每日资源信息"模块，进入"录入每日资源"界面，单击"查询"按钮即可进行相关信息查询，如图 7 – 13 所示。

说明：执行过"生成每日资源"处理后，可在此查询及调整每日资源信息，此信息将在后续"生成排程计划"中作为产能平衡的关键因素。

第 3 步：录入排程来源。在"主生产排程系统"中单击"录入排程来源"模块，进入"录入排程来源"界面，按图 10 – 3 所示内容进行排程来源的增加。

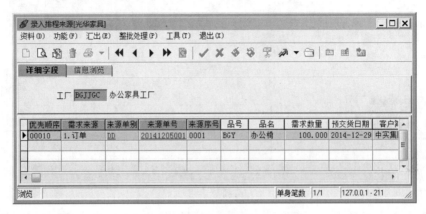

图 10 – 3　"录入排程来源"界面

如果加入销售预测，生产排程计划要如何操作？

第 4 步：生成排程计划。在"主生产排程系统"中单击"生成排程计划"模块，进入"生成排程计划"界面（如图 7 – 5 所示），设置计划工厂和排程起始日期后单击"直接处理"按钮即可生成排程计划。

"排程起始日期"选择 2014 – 12 – 18。

说明：为了重点练习 MPS 排产环节，简化生产前的物料准备过程，本实训特意设计在 2014 年 12 月 18 日有一部分原材料采购到货，保证生产不出现缺料的状况，故本实训将排程起始日期设为 2014 – 12 – 18。读者可到"采购管理子系统"中查询相关的采购信息。

第 5 步：维护排程计划。在"主生产排程系统"中单击"维护排程计划"模块，进入"维护排程计划"界面进行排程查询，结果显示有 1 条生产任务，如图 10 – 4 所示。

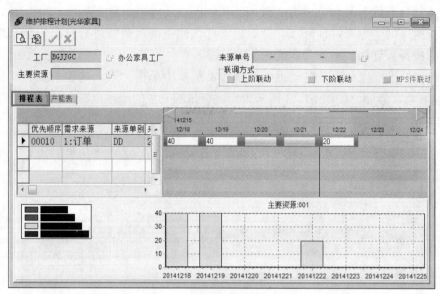

(a) 排程表

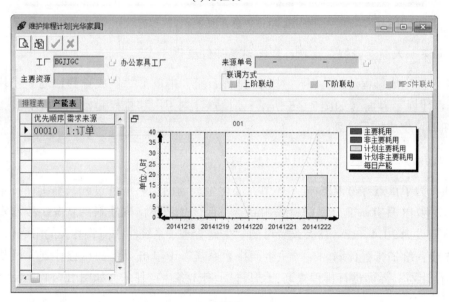

(b) 产能表

图 10 – 4   "维护排程计划"界面

第6步：发放 MPS 工单并查询。

（1）发放 MPS 工单。在"主生产排程系统"中单击"发放 MPS 工单"模块，进入"发放 MPS 工单"界面，单击"直接处理"完成 MPS 工单的发放。

（2）查询并审核工单。在"工单/委外子系统"中单击"录入工单"模块，进入"录入工单"界面（如图 10 – 5 所示）即可进行查询、审核相应的工单信息。

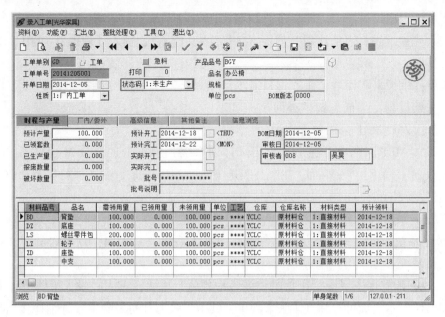

图 10 – 5　"录入工单"界面

- 注意观察工单状态码的状态变化。
- 注意此操作的日期获取的是服务器日期。

10.1.2.3　物料需求计划

第 1 步：进入"物料需求计划系统"。登录易飞 ERP 系统，在系统主界面（如图 2 – 3 所示）中选择"生产管理"→"物料需求计划系统"，在"物料需求计划系统"界面进行相关操作。图 10 – 6 所示序号为本实训操作流程。

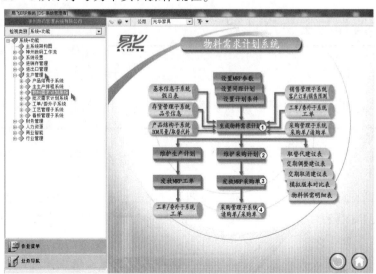

图 10 – 6　"物料需求计划系统"界面

第2步：生成物料需求计划。在"物料需求计划系统"中单击"生成物料需求计划"模块，进入"生成物料需求计划"界面（如图7-9所示），输入计划批号"001"及计划工厂、计划日期。

第3步：维护采购计划。在"物料需求计划系统"中单击"维护采购计划"模块，进入"维护采购计划"界面，做"查询"操作。

第4步：发放MRP采购单并查询。

（1）发放MRP采购单。在"物料需求计划系统"中单击"发放MRP采购单"模块，进入"发放MRP采购单"界面，在"高级选项"页签中选择"输入单别"为"CG"，进行"直接处理"操作。

（2）查询采购单。

● 单击系统主界面"操作员"按钮，即进入系统登录界面，以采购员李文002的身份重新登录系统。

● 在"采购管理子系统"中单击"录入采购单"模块，进入"录入采购单"界面即可进行查询操作。本实训可查询到4张采购单，其中2张为月初采购单（详细操作请参看本实训配备的操作录屏）。

10.1.3　实训小结

本实训完成了12月份第一张办公椅订单的录入、主生产计划及物料需求计划，并将工单发放到车间、将采购单发给供应商（此处操作与本教程7.1和7.2类似）。但在日常生产中，经常会发生一些突发状况需要即时处理，如下一节介绍的对追加订单进行的主生产计划及物料需求计划的管理操作。

10.2　订单追加与主生产计划

10.2.1　实训解析

（1）订单追加：2014-12-9销售员蔡春又接到客户中实集团的订货电话，要求再购买办公椅40把，并于2014-12-26交货。当日签订销售合同，合同内容约定办公椅含税单价为600元/把，交货时随货附发票，交货后1天内付款，并以银行转账支票结算。

由此设计操作步骤：录入订单。

（2）主生产排程：生管人员吴昊根据追加的订单进行主生产排程（同理于2014-12-5第一张订单的MPS排程操作流程），按照主生产排程计划能完成生产任务，所以发放MPS厂内工单。

由此设计操作步骤：查看每日资源信息、录入排程来源、生成排程计划、维护排程计划、发放MPS工单。

（3）物料需求计划：发放工单后，生管人员吴昊对办公椅所用的原材料进行排产，时间范围为 12 月份，按周汇总排产的结果；物料需求计划计算后，发现生产办公椅需要的原材料（底座、座垫、螺丝零件包等）的现有库存量不能满足生产需求，于是生成上述原材料的采购计划；最后，生管人员吴昊将采购计划发放给采购部门。

由此设计操作步骤：生成物料需求计划、维护采购计划、发放 MRP 采购单。

10.2.2 实训步骤

10.2.2.1 订单追加

第 1 步：以销售员蔡春的账号 001 登录系统。

当提示更改操作人员时，需用不同的角色账号登录系统才能完成相应操作，口令均为空。

由于中实集团追加订单，销售员想要查询中实集团的客户信用额度是否超出以避免出现呆账状况，要如何进行操作？

第 2 步：录入追加订单。录入中实集团追加的 40 把办公椅的订单，如图 10 - 7 所示。

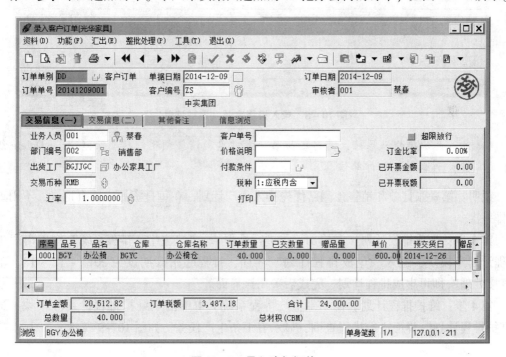

图 10 - 7 录入追加订单

若由于此次追加订单的数量较少，公司决定不按 600 元/把的单价销售，想要抬高价格，销售人员则需要出具新的报价单与客户协商，此时需要做哪些操作？

10.2.2.2 主生产排程

系统环境设置如下：

时点：2014 – 12 – 9；

操作人员：生管员吴昊（008）。

第1步：查看每日资源信息。在"主生产排程系统"中单击"录入每日资源信息"模块进行查询。查询结果：从 2014 – 12 – 18 开始，"主要耗用"为40，说明之前的第一张订单和销售预测已经进行了生产排程，所耗用的产能已经被列入了每日资源信息中。详细操作请查看本实训配备的操作录屏。

第2步：录入排程来源（对追加订单进行排程）。在"主生产排程系统"中单击"录入排程来源"模块，进入"录入排程来源"界面，如图10 – 8 所示。

图 10 – 8 录入排程来源（追加订单）

录入此次排程来源前，需将之前第一张订单和销售预测信息删除（Ctrl + Delete 组合键）再新增追加订单信息。

说明：第一张订单和销售预测已优先排入生产计划，在每日资源中已有记录，不用重新再排一次。

第3步：生成排程计划（对追加订单进行排程）。在"主生产排程系统"中单击"生成排程计划"模块，进入"生成排程计划"界面，排程起始日期设为 2014 – 12 – 18，单击"直接处理"即可生成排程计划，完成后关闭该界面。

第4步：维护排程计划。在"主生产排程系统"中单击"维护排程计划"模块，进入"维护排程计划"界面进行排程查询，显示有 1 条生产任务，如图10 – 9 所示。

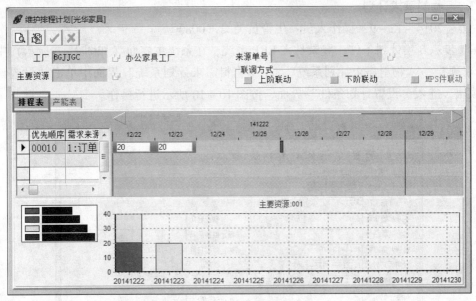

(a) 排程表

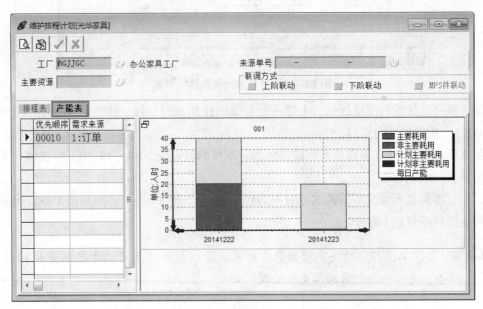

(b) 产能表

图 10 – 9   追加订单的维护排程计划

如果追加订单的需求量超过产能负荷，要如何安排生产计划？

第 5 步：发放厂内 MPS 工单。在"主生产排程系统"中单击"发放 MPS 工单"模块，进入"发放 MPS 工单"界面进行相应设置后，单击"直接处理"即可完成发放 MPS 工单。详细操作请参看本实训配备的操作录屏。

10.2.2.3 物料需求计划

时点：2014 – 12 – 9；操作人员：生管员吴昊（008）。

第1步：新增计划条件。登录易飞ERP系统，在系统主界面（如图2 – 3所示）中选择"生产管理"→"物料需求计划系统"，在"物料需求计划系统"界面中单击"设置计划条件"模块，进入"设置计划条件"界面，按图10 – 10所示进行操作。

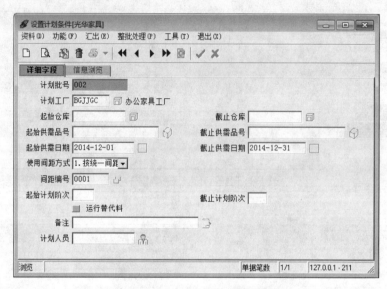

图 10 – 10　"设置计划条件"界面

第2步：生成物料需求计划（与第一张订单的操作步骤一致，此处不再赘述，但计划编号为002），并维护采购计划。

第3步：发放MRP采购单并审核。注意，审核的时点为2014 – 12 – 9，审核操作人员为库管员李文（002）。

其中，需向嘉禾加工厂采购的原材料为底座80个、座80个；需向元技工业公司采购的原材料为螺丝零件包160个。

> 若办公家具工厂临时决定增加背垫购买数量以备后续生产；背垫数量由40个变为60个，要如何进行采购单变更处理？

10.2.3　实训小结

本节实训完成了对追加订单的录入、主生产计划和物料需求计划的管理。主生产计划和物料需求计划的逻辑为：产生追加订单之后，首先进行主生产排程计算，查看产能是否够用，决定是否厂内生产，如果产能不够则可考虑委外或加班生产。该实训中产能足够完成追加订单的需求，因此，仍然由厂内进行生产。然后对所有订单（原订单及插单）进行物料需求计划管理，安排生产，将工单发放成为厂内MPS工单，同时发放采购单进行原材料采购。

工单与采购单发放之后，采购部门根据采购单进行原材料采购并支付应付账款，为订单生产准备充足库存。

10.3 采购入库与应付管理

10.3.1 实训解析

依照物料需求计划中的信息安排采购及付款处理，具体处理如下：

- 2014 - 12 - 10

采购员李文收到嘉禾加工厂月初采购单运来的原材料背垫 100 个、中支 200 个和底座 100 个，以及元技工业公司月初采购单运来的原材料轮子 500 个，核对采购单并验收入库。

财务应付会计李丽根据嘉禾加工厂 100 个背垫、200 个中支和 100 个底座共计 33 000 元，以及元技工业公司 500 个轮子共计 7 500 元，核对供应商开具的采购发票，将资金分别转入嘉禾加工厂和元技工业公司并开具付款单。

- 2014 - 12 - 12

采购员李文收到嘉禾加工厂运来的第一张订单的原材料座垫 100 个，插单的原材料底座 40 个，插单的原材料座垫 40 个；元技工业公司运来的第一张订单的原材料螺丝零件包 200 个，插单的原材料螺丝零件包 80 个。刘争核对采购单并验收入库。

财务应付会计李丽将 140 个座垫、40 个底座的 15 200 元货款转入嘉禾加工厂，将 280 个螺丝零件包的 5 600 元货款转入元技工业公司的账户，并开具付款单。

- 2014 - 12 - 19

采购员李文收到嘉禾加工厂运来插单所需的 40 个底座、40 个座垫；元技工业公司运来插单所需的 80 个螺丝零件包。刘争核对采购单并验收入库。

财务应付会计李丽根据嘉禾加工厂和元技工业公司的 7 200 元和 1 600 元货款，核对供应商开具的采购发票，并分别将 7 200 元和 1 600 的货款转入嘉禾加工厂和元技工业公司的账户，同时开具付款单。

10.3.2 实训步骤

第 1 步：时点：2014 - 12 - 10。嘉禾加工厂月初采购到货——背垫 100 个、中支 200 个和底座 100 个。

（1）进货。操作人员：采购员李文（002）。2014 - 12 - 10 收到嘉禾加工厂月初采购单运来的背垫 100 个、中支 200 个和底座 100 个，元技工业公司月初采购单运来的原材料轮子 500 个，核对采购单并验收入库到原材料仓。

从系统主界面（如图2-3所示）左边树状结构处选择"进销存管理"→"采购管理子系统"→"入库验收"，单击"录入进货单"模块，打开单据界面，进行新增操作，选择供应商为嘉禾和元技，依照其采购单信息代入，填制完成后单击"保存"按钮✔并退出。详细操作请参照本实训配备的操作录屏。

➡️ 此处为上月采购单未到货的产品入库。产品信息是通过对采购单的取单操作将数据代入的。

❓ 若收到的原材料中有20个背垫出现不合格状况，需要退货，应如何操作？

（2）录入采购发票并付款。操作人员：财务应付会计李丽（005）。

① 录入采购发票。在"应付管理子系统"中单击"录入采购发票"模块，进入"录入采购发票"界面，依据进货信息进行新增操作，录入供应商嘉禾加工厂100个背垫、200个中支和100个底座的采购发票，以及供应商元技工业公司500个轮子的采购发票，填制完成后单击"保存"按钮✔并退出。

说明：录入采购发票后，可在此查询各张销货单的应收款额，此信息将在后续"录入付款单"中作为支付采购款的依据，信息直接从采购发票中调用。

② 录入付款单。根据供应商嘉禾加工厂到货100个背垫、200个中支和100个底座的采购发票，同天以转账支票的形式支付货款33 000元；根据供应商元技工业公司到货500个轮子的采购发票，同天以转账支票的形式支付货款7 500元。在"应付管理子系统"中选择"录入付款单"，在"录入付款单"界面进行新增操作，然后单击"保存"按钮并退出。详细操作请参照本实训配备的操作录屏。

第2步：时点：2014-12-12。本月订单及插单的计划原材料到货。

（1）进货。操作员：采购员李文（002）。2014-12-12收到嘉禾加工厂运来的第一张订单的原材料座垫100个，插单的原材料底座40个，插单的原材料座垫40个；元技工业公司运来的第一张订单的原材料螺丝零件包200个，插单的原材料螺丝零件包80个。

（2）录入采购发票并付款。操作员：财务应付会计李丽（005）。

① 依据到货信息，录入嘉禾加工厂140个座垫、40个底座及元技工业公司280个螺丝零件包的采购发票。

② 录入付款单。财务应付会计李丽分别将15 200元和5 600元货款转入嘉禾加工厂和元技工业公司的账户，并开具付款单。

第3步：时点：2014-12-19。本月插单的计划原材料到货。

（1）进货。操作员：采购员李文（002）。2014-12-19收到嘉禾加工厂追加订单的原材料底座40个、座垫40个，以及元技工业公司追加订单的80个螺丝零件包，核对采购合同并验收入库到原材料仓。

➡ 若家具厂想将库存中生产计划外剩余的轮子调拨到办公椅仓，应进行哪些业务操作？

（2）录入采购发票并付款。操作人员：财务应付会计李丽（005）。

① 依据进货单信息，录入嘉禾加工厂底座 40 个、座垫 40 个和元技工业公司螺丝零件包 80 个的采购发票。

② 录入付款单。财务应付会计李丽分别根据嘉禾加工厂底座 40 个、座垫 40 个和元技工业公司 80 个螺丝零件包的采购发票，以转账支票的形式支付货款。

➡ • "嘉禾" 40 个底座和 40 个座垫的原币进货金额为 7 200 元。
  • "元技" 80 个螺丝零件包的原币进货金额为 1 600 元。

❓ 采购业务员李文根据采购单向供应商元技工业公司订货，需要 280 个螺丝零件包，总采购金额为 5 600 元，预计在 12 月 12 日交货，随货附发票，需预付定金1 000元；12 月 12 日货到，库管员刘争办理入库，应付会计李丽根据发票确认应付账款 5 600 元，并办理尾款 4 600 元的支付，应如何进行上述预付款操作？

10.3.3 实训小结

本节实训完成了采购入库与财务应付管理的操作流程。采购入库与财务应付管理的逻辑为：根据采购单收货并检查产品是否合格，若不合格则需退货；货品入库后由供应商财务部门开具采购发票，与供应商结清货款的同时，录入付款单作为付款凭证。

原材料采购入库满足生产要求后，生产部门根据工单领取原材料并根据工艺路线进行产品生产。

10.4 生产管理

10.4.1 实训解析

依照主生产排程计划，截至 2014 – 12 – 5 办公椅加工中心已下发了 2 条自生产任务（12 月 5 日的订单和 12 月 9 日的追加订单）；下面着重讲述第一条生产任务即第一张工单 GD20141205001 的制造生产过程，而追加订单的制造过程类似，可根据生产日期同步实现生产管理（注意调整系统日期）。

按照主生产排程计划，生产部门组织生产。从 2014 – 12 – 18 开始执行第一张工单（即第一张订单）的生产任务，具体如下：

• 2014 – 12 – 18

生管人员吴昊依据第一张订单的工单自动生成工单工艺；生管人员吴昊进行投料，并将投产单移转给库管部进行发料、领料；库管员刘争通过执行"从投产单自动生成领料单"自动发放领料单信息，此时第一张订单的生产任务正式开工。办公椅加工中心收料后，开始第一道工艺——打磨。

- 2014－12－22

生管人员吴昊依据追加订单的工单自动生成工单工艺；吴昊进行相应投料，并将投产单移转给库管部进行发料、领料；库管员刘争通过执行"从投产单自动生成领料单"自动发放领料单信息，此时追加订单的生产任务正式开工。办公椅加工中心收料后，开始第一道工艺——打磨。

- 2014－12－23

办公椅加工中心：第一张工单的第一道工艺——打磨完工，生管人员吴昊录入转移单，记录打磨工艺完工的100把办公椅半成品的信息，审查无误后将加工实物转移到下一道工艺；组装工艺收到转移过来的原材料，审查转移单信息是否与实物符合，审查无误后，拟于12月25日开始第二道工艺——组装。

- 2014－12－24

办公椅加工中心：追加订单的第一道工艺——打磨完工，生管人员吴昊录入转移单，记录打磨工艺完工的40把办公椅半成品的信息，审查无误后将加工实物转移到下一道工艺；组装工艺收到转移过来的原材料，审查无误后，拟于2014－12－25开始第二道工艺——组装；同时，第一张订单的第二道工艺——组装工序开始。

- 2014－12－25

追加订单的第二道工艺——组装工序开始。

- 2014－12－26

办公椅加工中心：第一张工单的100把办公椅组装完毕，进行成品入库，生管人员填写入库单。此时工艺子系统中的入库单同步生成工单子系统中的生产入库单，后者将增加办公椅的库存数量。库管员刘争审查生产入库单信息是否与入库的实物符合，并将100把办公椅验收入库。

追加订单的40把办公椅组装完毕，进行成品入库，生管人员填写入库单。此时工艺子系统中的入库单同步生成工单子系统中的生产入库单，后者将增加办公椅的库存数量。库管员刘争审查生产入库单信息是否与入库的实物符合，并将40把办公椅验收入库。

10.4.2　实训步骤

第1步：查询工单工艺。时点：2014－12－5；操作人员：生管人员吴昊（008）。生管人员吴昊依据工单自动生成工单工艺，作为派工单发放给办公椅加工中心。

从系统主界面（如图2－3所示）左边树状结构处选择"生产管理"→"工艺管理子系统"，在"工艺管理子系统"界面中单击"录入工单工艺"模块，进入"录入工单工艺"

界面进行查询、维护。查得 2 条生产任务：一条是第一张订单生成的工单（简称工单 1），另一条是追加订单生成的工单（简称工单 2），状态均为未生产。详细操作请参照本实训配备的操作录屏。

第 2 步：开始工单 1 的生产。时点：2014 – 12 – 18；操作人员：生管人员吴昊（008）。

（1）录入工单 1 的投产单，办公椅加工中心收到投产单后，进行投料，将本次工单需用的原材料从仓库转移到办公椅加工中心。

从系统主界面（如图 2 – 3 所示）左边树状结构处选择"生产管理"→"工艺管理子系统"→"录入投产单"，进入"录入投产单"界面，依据第一张工单的生产任务进行新增，录入投产单。

说明："工单"信息为"投产单"的填制依据，系统直接将加工信息代入"投产单"。

（2）从投产单自动生成领料单并查询。

① 在"工艺管理子系统"界面中单击"从投产单自动生成领料单"模块，进入"从投产单自动生成领料单"界面，选择领料单别及工厂，进行"直接处理"操作，完成后关闭该界面。

② 在"工单/委外子系统"界面中单击"录入领料单"模块，进入"录入领料单"界面，单击"查询"按钮，查看已生成的领料单，然后单击"审核"按钮进行审核，完毕后关闭"录入领料单"界面。详细操作请参看《ERP 原理与应用（第 2 版)》第 7 章关于"投产单"的操作介绍，或参看本实训配备的操作录屏。

➡ 注意：领料后的工单工艺中状态码已更改为"已领料"。

❓ 若工厂想采取自动扣料的领料模式以解决车间现场用料问题，要如何操作？

第 3 步：开始工单 2 的生产。时点：2014 – 12 – 22；操作人员：生管人员吴昊（008）。

此处操作与第 2 步类似：录入工单 2 的投产单，并从投产单自动生成领料单，再查询领料单。

第 4 步：工单 1 工序转移。时点：2014 – 12 – 24；操作人员：生管人员吴昊（008）。12 月23 日工单 1 的第一道工艺——打磨完工，录入完工 100 把办公椅的转移单，审核无误后，于 24 日开始第二道工艺——组装。

在"工艺管理子系统"界面中单击"录入转移单"模块，进入"录入转移单"界面，依照工单 1 的生产任务，将工序从打磨转移到组装，即进行新增操作。详细操作请参看《ERP 原理与应用（第 2 版)》第 7 章关于"转移单"的操作介绍，或参看本实训配备的操作录屏。

➡ 注意：打磨工艺完工后的工单工艺中"状态码"已变化；填写验收数量（经过验收才能审核）。

第5步：工单2工序转移。时点：2014－12－25；操作人员：生管人员吴昊（008）。

此处操作与第4步类似：录入工单2的转移单，转入第二道工艺——组装。

第6步：完工入库。时点：2014－12－26；操作人员：生管人员吴昊（008）。

（1）录入工单1和工单2的入库单：12月26日工单1的100把办公椅组装完毕，进行成品入库，生管人员填写入库单。

在"工艺管理子系统"界面中单击"录入入库单"模块，进入"录入入库单"界面，依照2张工单信息将产品从生产车间移至仓库，分别进行新增入库单操作。

（2）查看工单1和工单2的生产入库单。

在"工单/委外子系统"界面中单击"录入生产入库单"模块，进入"录入生产入库单"界面进行查询。

10.4.3　实训小结

本节实训完成了厂内加工工序的生产流程：根据工单设置工单工艺、录入投产单并进行领料，原材料符合生产要求后开始生产，每道工序完成之后录入转移单、将在制品转入下一道工序，产品生产完成后入库并录入入库单。特别注意：开始生产前应查看工单工艺中各工序的生产日期。

产品生产完工入库之后，根据订单进行销售出库，客户收到产品并验收合格后支付货款，对此财务应收进行相关财务操作。

10.5　销售出库与应收管理

10.5.1　实训解析

产品生产完工入库后，依照客户订单的需求日期，按时销售处理，具体处理如下：

- 2014－12－26

销售部：蔡春根据2014－12－9的追加订单，准备给中实集团发货。查询仓库"办公椅仓"，办公椅的库存数量为140把，满足追加订单中40把办公椅的需求数量，要求库管员备货。

仓管部：库管员刘争根据2014－12－9的追加订单，将40把办公椅从办公椅仓出货。

财务部：出货的同时通知财务依据销售合同开具600×40＝24 000（元）的销售发票（销货单）。财务应收会计秦国庆依据收到的销货单进行核对，录入销售发票，登记应收账款24 000元。

- 2014－12－27

财务部：财务应收会计秦国庆收到客户中实集团送来的货款，支票600×40＝24 000（元），根据结账单信息做收款单，冲销应收账款。

• 2014 – 12 – 29

销售部：蔡春针对 2014 – 12 – 5 的第一张订单，准备给中实集团发货。查询"办公椅仓"，办公椅的库存数量为 100 把，满足中实集团订单中 100 把办公椅的需求数量，要求库管员备货。

仓管部：库管员刘争根据 2014 – 12 – 9 的订单，将 100 把办公椅从办公椅仓出货。

财务部：出货的同时通知财务依据销售合同开具 600 × 100 = 60 000（元）的销货单。财务应收会计秦国庆依据收到的销货单进行核对，录入销售发票，登记应收账款60 000元。

• 2014 – 12 – 30

财务部：财务应收会计秦国庆收到客户中实集团送来的货款，支票 600 × 100 = 60 000（元），根据结账单信息做收款单，冲销应收账款。

10.5.2　实训步骤

第 1 步：追加订单销售。

（1）录入销货单。时点：2014 – 12 – 26；操作人员：001 销售员蔡春。

从系统主界面（如图 2 – 3 所示）左边的树状结构处选择"进销存管理"→"销售管理子系统"，单击"录入销货单"模块，进入"录入销货单"界面。依据追加订单，通过"复制前置单据"进行新增操作并审核出库。详细操作请参看《ERP 原理与应用（第 2 版）》第 7 章关于"销货单"的操作介绍，或参看本实训配备的操作录屏。

👉 注意：销货单审核后，将更新部分信息，包括客户订单的已交数量，客户商品价格，品号信息的数量、金额、最近出库日，客户基本信息的最近交易日，且库存交易明细中新增一条出库记录。

说明：录入销货单的同时系统相当于产生了出库单。

👉 客户收到货物后，若发现产品不符合要求进行退货，需要做哪些操作？

（2）生成销售发票并查看。时点：2014 – 12 – 26；操作人员：财务应收会计秦国庆（004）。

① 自动生成销售发票。从系统主界面（如图 2 – 3 所示）左边的树状结构处选择"财务管理"→"应收管理子系统"→"应收账款管理"→"自动生成销售发票"，进入"自动生成销售发票"界面，输入销售发票单别及日期，进行"直接处理"操作。

② 查看并审核自动生成的销售发票。从系统主界面（如图 2 – 3 所示）左边的树状结构处选择"财务管理"→"应收管理子系统"→"应收账款管理"→"录入销售发票"，查看结账单并审核。

（3）收款。时点：2014 – 12 – 27；操作人员：财务应收会计秦国庆（004）。财务应收会计秦国庆收到客户中实集团送来的货款，支票 600 × 40 = 24 000（元），做收款单，冲销应收账款。

从系统主界面（如图2-3所示）左边的树状结构处选择"财务管理"→"应收账款管理"→"录入收款单"，进入"录入收款单"界面，依据结账单信息进行新增并审核。详细操作请参看《ERP原理与应用（第2版）》第7章关于"结账单和收款单"的操作介绍，或参看本实训配备的操作录屏。

➡ 收款借贷方式：借：一般　现金或银行存款
　　　　　　　　　贷：冲账　应收账款

第2步：第一张订单销售。时点：2014-12-29；操作人员：财务应收会计秦国庆（004）。

此步骤同理于上述追加订单的销售操作，在此不再赘述：录入销货单、自动生成结账单以便查看并审核结账单，12月30日收到客户中实集团送来的货款，支票 $600 \times 100 = 60\,000$（元），根据结账单信息做收款单，冲销应收账款。

10.5.3　实训小结

本节实训完成了销售出库与财务应收管理的操作流程。销售出库与财务应收管理的逻辑为：根据订单按时将产品出库，待客户验收合格接受产品后，财务部门开具结账单，客户将货款转至工厂财务账户的同时，财务应收会计录入收款单作为收款凭证。

财务部门根据日常财务支出进行相关会计凭证的录入，并在月末所有业务完成之后进行财务月结，制作当月的财务报表。

10.6　日常财务处理与月结

10.6.1　实训解析

依据实训内容，财务部门需要完成两类业务，即日常财务处理和期末月结。

1. 日常财务处理

财务会计张娜根据12月份日常发生的资金流动状况分别做账：

（1）2014-12-4 从银行借入一个月的长期借款300 000元，借款已存入银行账户。

借：1002　银行存款　　　　　　　　　　　　　　300 000元

　　贷：2301　长期借款　　　　　　　　　　　　300 000元

（2）2014-12-6 购买一台设备，付款200 000元。

借：1501　固定资产　　　　　　　　　　　　　　200 000元

　　贷：1002 银行存款　　　　　　　　　　　　　200 000元

（3）2014-12-30 由于月初购买的设备属于高损耗品，故当月计提折旧5 000元。

　　借：5502 管理费用（折旧费）　　　　　　　　　　　　　　5 000 元

　　　　贷：1502　累计折旧　　　　　　　　　　　　　　　　　5 000 元

　　（4）2014 – 12 – 30 归还长期借款利息 1 500 元。

　　借：5503　财务费用　　　　　　　　　　　　　　　　　　1 500 元

　　　　贷：1002　银行存款　　　　　　　　　　　　　　　　　1 500 元

　　（5）2014 – 12 – 30 从银行提取现金 3 000 元，支付生产人员工资。

　　借：1001　现金　　　　　　　　　　　　　　　　　　　　3 000 元

　　　　贷：1002　银行存款　　　　　　　　　　　　　　　　　3 000 元

　　借：2151　应付工资　　　　　　　　　　　　　　　　　　3 000 元

　　　　贷：1001　现金　　　　　　　　　　　　　　　　　　　3 000 元

　　2. 期末月结（时点：2014 – 12 – 31）

　　（1）月底存货结转：库存调整、查询尾差/分库调整单。

　　① 库存调整：财务人员进行账务核对时，可能会发现某品号的现行年月月底的库存数量为零而金额不为零，此时可利用"批处理"中的"自动调整库存"针对有问题的品号进行调整并自动生成一张交易单据，此交易单据可于"录入库存交易单"中查询得到。当单据审核核准时将该品号的金额调整为零，不同库中同一个产品的单价成本若不一致，需做分库处理。

　　② 查询尾差/分库调整单：经过库存调整后，或许会产生一定的差异，这时可以到"录入成本开账/调整单"中进行查询，便于期末月结时的成本归集。

　　（2）应收应付月底结转：财务部门各会计分别抛转各自业务的会计凭证到总账中，并进行审核和记账。

　　（3）自动分录：生成分录处理，抛转会计凭证。

　　（4）总账：审核会计凭证，整批过账，会计月结。

　　（5）生成报表：总账月底结转后，做出本月的资产负债表和损益表。

10.6.2　实训步骤

10.6.2.1　日常财务处理

　　时点：2014 – 12 – 30；操作人员：财务会计张娜（010）。

　　录入会计凭证。从系统主界面（如图 2 – 3 所示）左边树状结构处选择"财务管理"→"会计总账子系统"→"录入会计凭证"，在"录入会计凭证"界面（如图10 – 11所示）进行新增操作，依照 5 条业务分别进行录入，录入完毕保存。详细操作参看本实训配备的操作录屏。

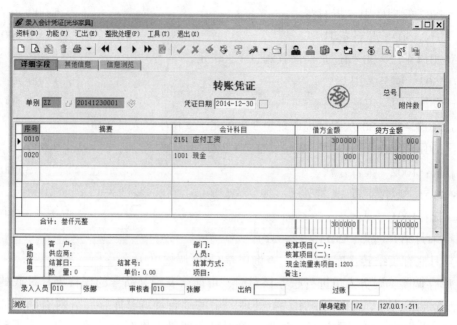

图 10-11 录入会计凭证

10.6.2.2 期末月结

时点：2014-12-31；操作人员：成本会计潘春生（009）。详细操作请参看《ERP原理与应用（第2版）》第7章关于"期末月结"的操作介绍，或参看本实训配备的操作录屏。

1. 存货月结

第1步：月底成本计价并查询。

（1）月底成本计价。从系统主界面（如图2-3所示）左边树状结构处选择"进销存管理"→"存货管理子系统"，在"存货管理子系统"界面单击"月底成本计价"模块，进入"月底成本计价"界面，单击"直接处理"按钮，处理完毕后关闭该界面。

（2）查询品号每月各仓库、各种交易统计信息。从系统主界面（如图2-3所示）左边树状结构处选择"进销存管理"→"存货管理子系统"→"期末处理"，双击"维护品号每月统计信息"模块，进入"维护品号每月统计信息"界面，单击单身中的"信息浏览"页签，可看到各种品号的相关信息。

（3）查询品号信息。在"存货管理子系统"界面单击"录入品号信息"模块，进入"录入品号信息"界面，查询各品号信息。

说明：核对"品号信息"，如发现某品号的现行年月月底库存量为零而金额不为零，则进行"自动调整库存"操作并查询尾差/分库调整单，检查是否原尾差金额已被调整为零。

第2步：月底存货结转。在"存货管理子系统"界面中单击"月底存货结转"模块，进入"月底存货结转"界面，单击"直接处理"按钮，处理完毕后关闭该界面。

如何进行库存盘点管理？若管理层需要了解更详细的库存管理状况，想要查看库存呆滞表和库存明细表，如何进行存货报表的查询？

2. 应收应付月结

第 1 步：应付月结。从系统主界面（如图 2 - 3 所示）左边树状结构处选择"财务管理"→"应付管理子系统"→"期末处理"→"应付账款月结"，进入"应付账款月结"界面，执行"直接处理"操作，处理完毕后关闭该界面。

第 2 步：应收月结。从系统主界面（如图 2 - 3 所示）左边树状结构处选择"财务管理"→"应收管理子系统"→"期末处理"→"应收账款月结"，进入"应收账款月结"界面，执行"直接处理"操作，处理完毕后关闭该界面。

3. 自动分录管理

第 1 步：自动分录。从系统主界面（如图 2 - 3 所示）左边树状结构处选择"财务管理"→"自动分录子系统"→"自动分录"→"自动生成分录底稿"，进入"自动生成分录底稿"界面，选择单据来源（成本开账/调整单、销退成本、销售发票、收款单、采购发票、付款单、领料单、生产入库单等），"输入底稿编号"为 111，"输入凭证日期"为 2014 - 12 - 31，然后单击"直接处理"，处理完毕后关闭该界面。

第 2 步：抛转会计凭证。从系统主界面（如图 2 - 3 所示）左边树状结构处选择"财务管理"→"自动分录子系统"→"自动分录"→"自动生成会计凭证"，进入"自动生成会计凭证"界面，执行"直接处理"操作，处理完毕后关闭该界面。

4. 总账月结

第 1 步：审核会计凭证。从系统主界面（如图 2 - 3 所示）左边树状结构处选择"财务管理"→"会计总账子系统"，进入"会计总账子系统"界面，单击"录入会计凭证"模块，进入"录入会计凭证"界面，单击"查询"按钮，查出所有本期产生的会计凭证。单击"详细字段"页签，可看到每张凭证的详细信息，将其中未审核的凭证逐一"审核"，处理完毕后退出该界面。

说明：有些会计凭证不是通过自动分录抛转过来的，而是通过"录入会计凭证"录入的，这时就需要进行审核，特别是现金银行账，必须逐一输入、审核。

第 2 步：整批过账。从系统主界面（如图 2 - 3 所示）左边树状结构处选择"财务管理"→"会计总账子系统"→"凭证处理"→"整批过账"，进入"整批过账"界面，按照图 10 - 12 所示进行操作。

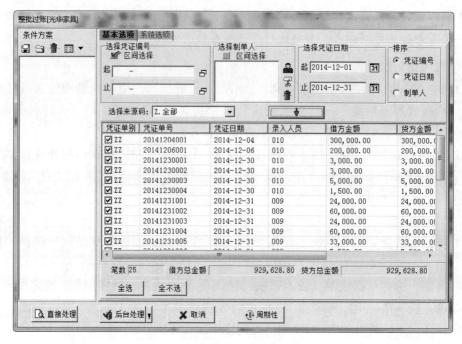

图 10 – 12　整批过账

第 3 步：自动结转损益、生成会计凭证、审核及过账。

（1）自动结转损益并生成会计凭证。在"会计总账子系统"界面中单击"自动转账"模块，进入"自动转账"设置界面，设置转账类型为"期间损益结转"，选择凭证单别和日期后，单击"下一步"进入"自动生成凭证界面"，单击"生成凭证"得到结转凭证。此凭证可在"录入会计凭证"中查询。

（2）审核、过账。在"会计总账子系统"界面中单击"录入会计凭证"模块，进入"录入会计凭证"界面，单击"查询"按钮 可查出"自动结转"生成的会计凭证。单击"审核"按钮 进行审核，然后单击"凭证单笔过账"按钮 进行凭证的单独过账。

第 4 步：会计月结。从系统主界面（如图 2 – 3 所示）左边树状结构处选择"财务管理"→"会计总账子系统"→"期末结账"→"会计月结"，进入"会计月结"界面，执行"直接处理"操作，处理完毕后退出该界面。

第 5 步：生成财务报表。在"会计总账子系统"界面，单击"财务报表"模块，进入"财务报表"界面，单击"资产负债表"模块，进入"资产负债表"生成界面，输入报表编号及选择日期，单击"设计报表"按钮，可得"资产负债表"浏览界面。

　　财务月结分为账结法和表结法，请分别以两种方法进行总账月结，并对比报表之间的差别。

10.6.3　实训小结

本节实训完成了几个财务业务处理的过程，涉及日常财务处理（凭单录入）、存货月结、应收应付月结、自动分录管理、总账月结和生成财务报表等。

财务管理的逻辑为：

（1）月末对日常费用的耗用进行统计，录入会计凭证。

（2）根据实际库存对库存量进行调整，进行库存月结管理。

（3）财务部门将各应收应付会计凭证进行月结管理。

（4）财务部门各会计分别抛转各自业务的会计凭证到总账中，并审核和记账，进行自动分录管理。

（5）审核会计凭证，整批过账，进行会计月结并生成财务报表。总账月结的方式包括账结法与表结法。

本章小结

本章实训以时间点为顺序模拟了企业在一个月内业务活动的运作过程，主要涉及易飞ERP系统中的进销存管理子系统、生产管理子系统和财务管理子系统的作业。具体活动主要包括录入订单，依据订单进行主生产排程，根据物料需求计划安排采购，到货后进行验收入库和应付款的处理；突发状况如追加订单等业务的处理；日常财务处理和月末的月结活动，并最终生成各种报表的财务管理流程处理。

读者应该明确以下几点：

1. 追加订单是在实际生产经营作业中的常见状况，根据追加订单进行主生产排程，需要首先删除之前订单的排程计划，这在操作过程中需要特别注意。

2. MPS主生产计划依据订单的需求进行生产排程，尤其是在对追加订单等突发状况发生时对生产能力的计算，体现了ERP不仅仅是单据的电子化，还将管理思想融入其中，以此提高企业效率和效益。

3. MRP系统依据客户订单和销售预测考虑现有库存和生产计划，计算出各采购件及自制件的需求数量和日期，进行合理的安排，以供采购管理、委外管理、生产管理执行，是ERP系统的核心模块。

4. 日常财务处理是对企业日常经营活动资金流动的记录，有助于企业对资金进行实时控制。

5. 期末月结是对企业在一段时间内的生产经营状况的清算、统计，账目的清晰管理和快速准确的统计功能对于企业的管理层的决策起着重要影响。

本章实训是对企业在生产中流程的真实状况进行模拟，有助于读者更深刻地了解ERP系统在企业生产中的作用和管理思想。

思考与练习

1. 若在月初加入销售预测，并将订单都纳入销售预测中，该如何制订主生产计划？已制订的生产计划会受到哪些因素的影响？

2. 若追加的订单产生的需求量超过当月的生产能力负荷，可采用哪些方式在订单约定日期内完成生产任务？

3. 思考外购/委外与自产的区别。为便于管理层做决策，可以采用哪个功能模块计算出厂内生产成本与将产品外购/委外生产的费用之间的差额？

4. 采用账结法与表结法生成的报表有什么区别？

参考文献

［1］苟娟琼，常丹.ERP 原理与实践．北京：清华大学出版社，北京交通大学出版社，2005.

［2］王新玲，柯明，耿锡润.ERP 沙盘模拟学习指导书．北京：电子工业出版社，2005.

［3］常丹，孟婕，苟娟琼.ERP 系统模拟实验教程．北京：电子工业出版社，2007.

［4］常丹，苟娟琼，刘丽杰．商用 ERP 实训教程．北京：清华大学出版社，北京交通大学出版社，2007.